REGNARD

LES MÉNECHMES

COMÉDIE EN CINQ ACTES

REPRÉSENTÉE POUR LA PREMIÈRE FOIS A PARIS EN

1705

LE MARCHAND RIDICULE

NOUVELLE ÉDITION

PUBLIÉE

fondateur Collection — 100 Bons Livres 100

PARIS

DÉPARTEMENTS, ÉTRANGER,

CHEZ TOUS LES LIBRAIRES

1878

LES MÉNECHMES

PROLOGUE

PERSONNAGES

APOLLON.   MERCURE.   PLAUTE.

(La scène est sur le Parnasse).

SCÈNE I

APOLLON, MERCURE.

MERCURE.
Honneur au seigneur Apollon.
APOLLON.
Ah! dieu vous gard', seigneur Mercure.
Par quelle agréable aventure
Vous voit-on au sacré vallon?
MERCURE.
Vous savez, grand dieu du Parnasse,
Que je ne me tiens guère en place.
J'ai tant de différents emplois,
Du couchant jusqu'aux lieux où l'aurore étincelle,
Que ce n'est pas chose nouvelle
De me rencontrer quelquefois.
APOLLON.
Vous êtes le bras droit du grand dieu du tonnerre;
Votre peine est utile aux hommes comme aux dieux;
Et c'est par vos soins que la terre
Entretient quelquefois commerce avec les cieux.
MERCURE.
Ce travail me lasse et m'ennuie,
Lorsque je vois tant de dieux fainéants
Qui ne songent là-haut qu'à respirer l'encens,
Et qu'à se gonfler d'ambroisie.

APOLLON.

Vous vous plaignez à tort d'un trop pénible emploi.
    S'il vous fallait donc, comme moi,
    Eclairer la machine ronde,
    Rendre la nature féconde,
    Mener quatre chevaux quinteux,
    Risquer de tomber avec eux
    Et de faire un bûcher du monde ;
Dans ce métier pénible et dangereux
    Vous auriez sujet de vous plaindre.
Depuis que l'univers est sorti du chaos,
Ai-je encor trouvé, moi, quelque jour de repos?
    Quoi qu'il en soit, parlons sans feindre ;
  A vous servir je serai diligent.
Le seigneur Jupiter, dont vous êtes l'agent,
Honnête ou non, c'est dont fort peu je m'embarrasse,
    Pour goûter des plaisirs nouveaux,
    A quelque nymphe du Parnasse
    Voudrait-il en dire deux mots?

MERCURE.

    Vos Muses, ailleurs destinées,
    Sont pour lui par trop surannées :
    Depuis trois ou quatre mille ans,
Tous vos faiseurs de vers, mal avec la fortune,
    En ont tous épousé quelqu'une.
Il faut à Jupiter des morceaux plus friands :
La qualité n'est pas ce qui plus l'inquiète ;
    Une bergère, une grisette,
    Lui fait souvent courir les champs.

APOLLON.

  Que dit à cela son épouse?

MERCURE.

Elle suit les transports de son humeur jalouse ;
Mais le bon Jupiter ne s'en étonne pas :
    Et là-haut, c'est comme ici-bas ;
Quand un époux a fait quelque intrigue nouvelle,
La femme a beau crier, le mari va son train.
Quand la dame, en revanche, a formé le dessein
De se dédommager d'un époux infidèle,

PROLOGUE

    Et qu'un galant se rend patron
    De la femme et de la maison,
L'époux a beau gronder, faire le ridicule,
    Il faut qu'il en passe par là
    Et qu'il avale la pilule,
    Ainsi que Vulcain l'avala.

          APOLLON.

Quelle est donc la raison nouvelle
Qui près d'Apollon vous appelle?

          MERCURE.

Je vais vous le dire; écoutez :
Vous savez qu'au ciel et sur terre
On me donne cent qualités.
Je suis l'agent du dieu qui lance le tonnerre;
    Je conduis les morts aux enfers.
    Mon pouvoir s'étend sur les mers.
    Je suis le dieu de l'éloquence.
    Ma planète préside aux fous,
    Aux marchands ainsi qu'aux filous;
    Fort petite est la différence.
    Je donne aux chimistes la loi.
Des pâles médecins la cohorte assassine
    M'appelle, suivant mon emploi,
    Le furet de la médecine;
    Heureux qui se passe de moi!

          APOLLON.

Entre tant de métiers mis dans votre apanage,
Qui pourraient fatiguer quatre dieux comme vous,
C'est celui de porter, je crois, les billets doux
    Qui vous occupe davantage.

          MERCURE.

Mon crédit est tombé, je suis de bonne foi.
Chacun, depuis un temps, de ce métier se pique;
Et tant d'honnêtes gens exercent mon emploi,
    Que je leur laisse ma pratique;
Ils y sont presque tous aussi savants que moi.

          APOLLON.

    Vous avez trop de modestie.
Mais venons donc au fait dont il est question.

MERCURE.
Les spectacles, la comédie,
Me donnent, à Paris, quelque occupation ;
Je les ai pris sous ma protection.
Pour célébrer une fête publique,
J'aurais aujourd'hui grand besoin
D'avoir quelque pièce comique
Qui fût marquée à votre coin.
APOLLON.
Hé quoi ! sans vous donner la peine
De venir ici de si loin,
N'est-il point là d'auteurs amoureux de la scène,
Qui du théâtre encor puissent prendre le soin ?
MERCURE.
Depuis qu'un peu trop tôt la Parque meurtrière
Enleva le fameux Molière,
Le censeur de son temps, l'amour des beaux esprits,
La comédie en pleurs, et la scène déserte,
Ont perdu presque tout leur prix :
Depuis cette cruelle perte,
Les plaisirs, les jeux et les ris
Avec ce rare auteur sont presque ensevelis.
APOLLON.
Il faut réparer le dommage
Que le destin a fait au théâtre français,
Et tirer du tombeau quelque grand personnage,
Pour paraître encore une fois.
Plaute fut, en son temps, les délices de Rome,
Tel que Molière fut le charme de Paris ;
Il tient ici son rang parmi les beaux esprits :
Il faut consulter ce grand homme.
Qu'on le fasse venir.
MERCURE.
Certes, je suis confus
Des bontés que pour moi...
APOLLON.
Finissons là-dessus.
Entre des dieux tels que nous sommes,
Il ne faut pas de longs discours.

Laissons les compliments aux hommes ;
Ils en sont les dupes toujours.

SCÈNE II

PLAUTE, APOLLON, MERCURE.

APOLLON, à Plaute.

Pendant que tu vivais, je t'ai comblé de gloire,
Autant que de son temps auteur le fut jamais ;
J'ai fait graver ton nom au temple de Mémoire,
Et t'ai prodigué mes bienfaits.

PLAUTE.

Il est vrai. Mais enfin quelque amour qui vous guide,
Les dons qu'aux beaux esprits prodigue votre main
N'ont rien de réel, de solide,
Et n'ôtent pas toujours les soins du lendemain.
Qui ne mâche chez vous qu'un laurier insipide
Court risque de mâcher à vide,
Et souvent de mourir de faim ;
Et si j'avais à reprendre naissance,
J'aimerais mieux être portier
D'un traitant ou d'un sous-fermier,
Que mignon de votre excellence.

MERCURE.

C'est faire peu de cas, et mettre à trop bas prix
Les faveurs qu'Apollon dispense aux beaux esprits ;
Et mon avis n'est pas le vôtre.

PLAUTE.

J'en pourrais mieux parler qu'un autre.
Croiriez-vous que, sur mon déclin,
Laissant le dieu des vers, que j'étais las de suivre,
Ne pouvant me donner de pain,
Je me suis vu réduit, pour vivre,
A tourner la meule au moulin ?

MERCURE.

Vous !

PLAUTE.

Moi.

MERCURE.
Cet illustre poëte
Finir ses jours au moulin!
PLAUTE.
Oui.
MERCURE.
Si Plaute a fait en ce lieu sa retraite,
Où donc renverrons-nous nos rimeurs d'aujourd'hui?
APOLLON.
Un poëte aisément s'endort dans la mollesse.
L'abondance souvent, unie à la paresse,
Sèche sa veine et la tarit;
Mais la nécessité réveille son esprit.
MERCURE.
Enfin, quel qu'ait été votre sort domestique,
Je viens, charmé de vos talents,
Vous demander une pièce comique,
De celles que dans Rome on vit de votre temps,
Pour savoir si le goût antique
Trouverait à Paris encor ses partisans.
PLAUTE.
J'en doute fort. Les caractères,
Les esprits, les mœurs, les manières,
En près de deux mille ans ont bien changé, je croi.
Et, par exemple, dites-moi,
A Paris aujourd'hui de quel goût sont les dames?
MERCURE.
Mais... elles sont du goût des femmes.
PLAUTE.
A Rome, de mon temps, libres dans leurs soupirs,
Elles ne trouvaient point l'hymen un esclavage;
Et, faisant du divorce un légitime usage,
Elles changeaient d'époux au gré de leurs désirs.
MERCURE.
Oh! ce n'est plus le temps. Une loi plus austère
Fixe une femme au premier choix :
Elle ne peut avoir qu'un époux à la fois;
Mais un usage moins sévère

Aux coquettes du temps permet encor parfois
D'avoir autant d'amants qu'elles en peuvent faire.

APOLLON.

C'est un tempérament ; et, comme je le voi,
L'usage adoucit bien la rigueur de la loi.

PLAUTE.

Mais voit-on encor, par la ville,
Une troupe lâche et stérile
De fades et mauvais plaisants
Qui chez les grands de Rome allaient chercher à vivre,
Et qui ne cessaient de les suivre,
Soit à la ville, soit aux champs ?
De ces lâches flatteurs, des complaisants serviles,
Que dans mes vers j'ai souvent exprimés ?
Des parasites affamés,
De ces importants inutiles,
Qui tous les jours dans les maisons,
A l'heure du dîner, font de sûres visites ?

MERCURE.

Non ; mais l'on y voit des Gascons
Qui valent bien des parasites.

PLAUTE.

Le goût étant changé, comme enfin je le vois,
Une pièce de moi, je crois, ne plairait guère ;
A moins qu'Apollon ne fît choix
D'un auteur comique et français,
Qui pût accommoder le tout à sa manière,
Porter la scène ailleurs, changer, faire et défaire.
S'il pouvait réussir dans ce noble dessein,
Moitié français, moitié romain,
Je pourrais peut-être encor plaire.

APOLLON.

Je me souviens qu'un de ces jours
Un auteur, qui parfois erre dans ces détours,
Me fit voir un sujet qu'on nomme
Les Ménechmes, qu'il dit avoir tiré de vous,
Et qui fut applaudi dans Rome.

PLAUTE.

Tout auteur que je sois, je ne suis point jaloux

Que mon travail lui soit utile.
   Le sujet qu'il a pris
Divertit autrefois un peuple difficile;
Et peut-être aura-t-il même sort à Paris.

                MERCURE.

Sur cet augure heureux, de ce pas je vais faire
   Tout ce qui sera nécessaire
   Pour mettre la pièce en état.

                APOLLON.

Et moi, je vais commencer ma carrière,
   Et rendre au monde son éclat.

SCÈNE III

MERCURE, seul.

   Messieurs, ne soyez point en peine
   Comment je puis si promptement
Ajuster cette pièce, et faire en un moment
   Qu'elle paraisse sur la scène.
   Nous autres dieux, d'un coup de main,
   Nous passons tout effort humain.
Agréez donc mes soins, et, pour reconnaissance
   D'avoir voulu vous divertir,
Ayez pour mon travail quelque peu d'indulgence;
Et vous n'aurez pas lieu de vous en repentir.
J'écarterai de vous tout ce qui peut vous nuire,
Coupeurs de bourse adroits, médecins, usuriers,
Avocats babillards, insolents créanciers;
   Tous ces gens sont sous mon empire.
   Et s'il est parmi vous quelqu'un
Possédant femme ou maîtresse fidèle
   (C'est un cas qui n'est pas commun),
   Je n'emploierai jamais près d'elle,
Pour corrompre son cœur et sa fidélité,
   Ni mon art, ni mon éloquence :
   C'est payer trop, en vérité,
   Quelques moments de complaisance;
Mais un dieu doit user de générosité.

                FIN DU PROLOGUE.

LES MÉNECHMES

PERSONNAGES

MÉNECHME, \ frères
Le chevalier MÉNECHME, / jumeaux.
DÉMOPHON, père d'Isabelle.
ISABELLE, amante du chevalier.
ARAMINTE, vieille tante d'Isabelle, amoureuse du chevalier.
PINETTE, suivante d'Araminte
VALENTIN, valet du chevalier
ROBERTIN, notaire.
UN MARQUIS gascon.
M. COQUELET, marchand.

(La scène est à Paris, dans une place publique.)

ACTE PREMIER

SCÈNE I

LE CHEVALIER, seul.

Je suis tout hors de moi. Maudit soit le valet!
Pour me faire enrager il semble qu'il soit fait :
Je ne puis plus longtemps souffrir sa négligence;
Tous les jours le coquin lasse ma patience;
Il sait que je l'attends.

SCÈNE II

VALENTIN, LE CHEVALIER.

LE CHEVALIER.
Mais enfin je le voi.
D'où viens-tu donc, maraud? Dis, parle, réponds-moi.
VALENTIN met à terre une valise qu'il portait, et s'assied dessus.
Quant à présent, monsieur, je ne vous puis rien dire;
Un moment, s'il vous plaît, souffrez que je respire :
Je suis tout essoufflé.

LE CHEVALIER.
Veux-tu donc tous les jours
Me mettre au désespoir et me jouer ces tours?
Je ne sais qui me tient, que de vingt coups de canne...
Quoi! maraud! pour aller jusques à la douane
Retirer ma valise, il te faut tant de temps?
VALENTIN.
Ah! monsieur, ces commis sont de terribles gens!
Les Juifs, tout Juifs qu'ils sont sont moins durs, moins
Ils ne répondent point que par monosyllabes. [arabes :
Oui. Non. Paix! Quoi? Monsieur... Je n'ai pas le loisir.
Mais, monsieur... Revenez. Faites-moi le plaisir...
Vous me rompez la tête; allez. Enfin, les traîtres,
Quand on a besoin d'eux, sont plus fiers que leurs maîtres.
LE CHEVALIER.
Quoi! tu serais resté jusqu'à l'heure qu'il est
Toujours à la douane?
VALENTIN.
Oh! non pas, s'il vous plaît.
Voyant que le commis qui gardait ma valise
Usait depuis une heure avec moi de remise,
Las d'avoir pour objet un visage ennuyeux,
J'ai cru qu'au cabaret j'attendrais beaucoup mieux.
LE CHEVALIER.
Faudra-t-il que le vin te commande sans cesse?
VALENTIN.
Vous savez que chacun, monsieur, a sa faiblesse;
Mais le mauvais exemple, encor plus que le vin,
Me retient malgré moi, dans le mauvais chemin.
Je me sens de bien vivre une assez bonne envie.
LE CHEVALIER.
Mais pourquoi hantes-tu mauvaise compagnie?
VALENTIN.
Je fais de vains efforts, monsieur, pour l'éviter;
Mais je vous aime trop, je ne puis vous quitter.
LE CHEVALIER.
Que dis-tu donc, maraud?
VALENTIN.
Monsieur, un long usage

De parler librement me donne l'avantage.
En pareil cas que moi vous vous êtes trouvé ;
Assez souvent, d'un vin bien pris et mal cuvé,
Je vous ai vu le chef plus lourd qu'à l'ordinaire ;
J'ai même quelquefois prêté mon ministère
Pour vous donner la main et vous conduire au lit.
De ces petits excès je ne vous ai rien dit :
Nous devons nous prêter aux faiblesses des autres,
Leur passer leurs défauts, comme ils passent les nôtres.

LE CHEVALIER.

Je te pardonnerais d'aimer un peu le vin,
Si je te connaissais à ce seul vice enclin :
Mais ton maudit penchant à mille autres te porte ;
Tu ressens pour le jeu la pente la plus forte...

VALENTIN.

Ah ! si je joue un peu, c'est pour passer le temps.
Quand vous passez les nuits dans certains noirs brelans,
Je vous entends jurer au travers de la porte :
Je jure comme vous quand le jeu me transporte ;
Et, ce qui peut tous deux nous différencier,
Vous jurez dans la chambre et moi sur l'escalier.
Je vous imite en tout. Vous, d'une ardeur extrême,
Buvez, jouez, aimez ; je bois, je joue et j'aime :
Et si je suis coquet, c'est vous qui le premier,
Consommé dans cet art, m'apprîtes le métier.
Vous allez chaque jour d'une ardeur vagabonde,
Faisant rafle, partout, de la brune à la blonde.
Isabelle à présent vous retient sous sa loi ;
Vous l'aimez, dites-vous : je ne sais pas pourquoi...

LE CHEVALIER.

Tu ne sais pas pourquoi ? Se peut-il qu'à ses charmes
A ses yeux tout divins on ne rende les armes ?
Je la vis chez sa tante, où j'en fus enchanté ;
Le trait qui me perça, mon cœur l'a rapporté.

VALENTIN.

Autrefois, cependant, pour sa tante Araminte,
Toute folle qu'elle est, vous aviez l'âme atteinte.
J'approuvais fort ce choix : outre que ses ducats
Nous ont plus d'une fois tirés de mauvais pas,

J'y trouvais mon profit; vous cajoliez la tante,
Et moi je pourchassais Finette la suivante.
Ainsi vous voyez bien.

LE CHEVALIER.

Oui; je vois, en un mot,
Que tu fais le docteur et que tu n'es qu'un sot.
Pour t'empêcher de dire encor quelque sottise,
Finissons, et chez moi va porter ma valise.

VALENTIN, redressant la valise pour la mettre sur son épaule.

J'obéis : cependant, si je voulais parler,
Sur un si beau sujet je pourrais m'étaler.

LE CHEVALIER.

Eh! tais-toi.

VALENTIN.

Quand je veux, je parle mieux qu'un autre,

LE CHEVALIER.

Quelle est cette valise?

VALENTIN.

Eh! parbleu, c'est la vôtre.

LE CHEVALIER.

De la mienne elle n'a ni l'air ni la façon.

VALENTIN.

J'ai longtemps, comme vous, été dans le soupçon;
Mais de votre cachet la figure et l'empreinte,
Et l'adresse bien mise, ont dissipé ma crainte.
Lisez plutôt ces mots distinctement écrits :
C'est « A monsieur Ménechme, à présent à Paris. »

LE CHEVALIER.

Il est vrai; mais enfin, quoi que tu puisses dire,
Je ne reconnais point cette façon d'écrire;
Enfin, ce n'est point là ma valise.

VALENTIN.

D'accord.
Cependant à la vôtre elle ressemble fort.

LE CHEVALIER.

Tu m'auras fait ici quelque coup de ta tête.

VALENTIN.

Mais me prenez-vous donc, monsieur, pour une bête.

En revenant de Flandre, où par trop brusquement
Vous avez pris congé de votre régiment,
Et passant à Péronne, où fut le dernier gîte,
Nous y prîmes la poste; et pour aller plus vite,
Vous me fîtes porter au coche, qui partait,
Votre malle assez lourde, et qui nous arrêtait :
J'obéis à votre ordre avec zèle et vitesse ;
Je fis, par le commis, mettre dessus l'adresse :
Ainsi je n'ai rien fait que bien dans tout ceci.

LE CHEVALIER.
C'est de quoi, dans l'instant, je veux être éclairci.
Ouvre vite, et voyons quel est tout ce mystère,

VALENTIN, tirant un paquet de clefs.
Dans un moment, monsieur, je vais vous satisfaire.
Ouais! la clef n'entre point.

LE CHEVALIER.
Romps chaîne et cadenas.

VALENTIN.
Puisque vous le voulez, je n'y résiste pas.
Or sus, instrumentons.

LE CHEVALIER.
Qu'as-tu? Tu me regardes!

VALENTIN.
Je ne vois là-dedans pas une de vos hardes.

LE CHEVALIER.
Comment donc, malheureux?

VALENTIN.
Monsieur, point de courroux.
Au troc que nous faisons, peut-être gagnons-nous ;
Et je ne crois pas, moi, que dans votre valise
Nous eussions pour vingt francs de bonne marchandise.

LE CHEVALIER.
Et ces lettres, maraud, qui faisaient mon bonheur,
Où l'aimable Isabelle exprimait son ardeur,
Qui me les rendra? dis.

VALENTIN, tirant un paquet de lettres de la valise.
Tenez, en voilà d'autres
Qui vous consoleront d'avoir perdu les vôtres.

LE CHEVALIER, *prenant les lettres.*
Sais-tu que les railleurs et les mauvais plaisants
D'ordinaire avec moi passent fort mal leur temps?
(Le chevalier lit les lettres.)

VALENTIN.
Mon dessein n'était pas de vous mettre en colère.
Mais sans perdre de temps faisons notre inventaire.
(Il examine les hardes de la valise et tire un sac de procès.)
Ce meuble de chicane appartient sûrement
A quelque homme du Maine, ou quelque bas-Normand.
(Il tire un habit de campagne.)
L'habit est vraiment leste et des plus à la mode.
Pour un surtout de chasse il me sera commode.

LE CHEVALIER.
Oh ciel!

VALENTIN.
Quel est l'excès de cet étonnement?

LE CHEVALIER.
L'aventure ne peut se comprendre aisément.

VALENTIN.
Qu'avez-vous donc, monsieur? Est-ce quelque vertige
Qui vous monte à la tête?

LE CHEVALIER.
Elle tient du prodige;
Tu ne la croiras pas quand je te la dirai.

VALENTIN.
Si vous ne mentez pas, monsieur, je vous croirai.

LE CHEVALIER.
Je suis né, tu le sais, assez près de Péronne,
D'un sang dont la valeur ne le cède à personne.
Tu sais qu'ayant perdu père, mère et parents,
Et demeurant sans bien dès mes plus tendres ans,
Las de passer mes jours dans le fond d'une terre,
Je suivis à quinze ans le métier de la guerre.
Un frère seul resta de toute la maison,
Avec un oncle avare, et riche, disait-on.
En différents pays j'ai brusqué la fortune,
Sans que l'on ait de moi reçu nouvelle aucune;

Et je sais, par des gens qui m'en ont fait rapport,
Que depuis très-longtemps mon frère me croit mort.
VALENTIN.
Je le sais; et, de plus, je sais que votre mère
Mourut en accouchant de vous et de ce frère :
Que vous êtes jumeaux, et que votre portrait
En toute sa personne est rendu trait pour trait;
Que vos airs dans les siens sont si reconnaissables,
Que deux gouttes de lait ne sont pas plus semblables.
LE CHEVALIER.
Nous nous ressemblions, mais si parfaitement,
Que les yeux les plus fins s'y trompaient aisément;
Et notre père même, en commençant à croître,
Nous attachait un signe afin de nous connaître.
VALENTIN.
Vous m'avez dit cela déjà plus d'une fois;
Mais que fait cette histoire au trouble où je vous vois?
LE CHEVALIER.
Ce n'est pas sans raison que j'ai l'âme surprise,
Valentin. A ce frère appartient la valise;
Et j'apprends en lisant la lettre que je tiens,
Que notre oncle est défunt, et qu'il laisse ses biens
A ce frère jumeau qui doit ici se rendre.
VALENTIN.
La nouvelle en effet a de quoi vous surprendre.
LE CHEVALIER.
Écoute, je te prie, avec attention.
Ceci mérite bien quelque réflexion.
(Il lit.)

« Je vous attends, monsieur, pour vous remettre
« comptant les soixante mille écus que votre oncle
« vous a laissés par testament, et pour épouser
« mademoiselle Isabelle, dont je vous ai plusieurs fois
« parlé dans mes lettres : le parti vous convient fort, et
« son père Démophon souhaite cette affaire avec pas-
« sion. Ne manquez donc point de vous rendre au plus
« tôt à Paris, et faites-moi la grâce de me croire
« votre très-humble et très-obéissant serviteur,
« ROBERTIN. »

LES MÉNECHMES. — 2.

Robertin, c'est le nom d'un honnête notaire
Qui travaillait pour nous du vivant de mon père.
La date, le dessus, et le nom bien écrit,
Dans mes préventions confirment mon esprit.
Mon frère, pour venir au gré de cette lettre,
Comme moi sa valise au coche aura fait mettre ;
Et dans le même temps, ce rapport de grandeur,
De cachet et de nom a causé ton erreur :
Et je conclus enfin, sans être fort habile,
Que mon frère est déjà peut-être en cette ville.

VALENTIN.

Cela pourrait bien être ; et je suis stupéfait
Des effets surprenants que le hasard a fait.
Il faut que justement je fasse une méprise,
Et que notre bonheur vienne de ma sottise.
Nous trouvons en un jour un vieil oncle enterré,
Qui laisse de grands biens dont il vous a frustré :
Un frère qui reçoit tous ces biens qu'on lui laisse,
Et qui vient enlever encor votre maîtresse.
Voilà tout à la fois cinq ou six incidents
Capables d'étourdir les plus habiles gens.

LE CHEVALIER.

Nous ferons tête à tout ; et de cette aventure
Je conçois dans mon cœur un favorable augure.

VALENTIN.

Soixante mille écus feraient grand besoin.

LE CHEVALIER.

Il faut, pour les avoir, employer notre soin.
Ils sont à moi, du moins, tout autant qu'à mon frère :
Mais il faut déterrer le frère et le notaire.
Va, cours, informe-toi, ne perds pas un moment.

VALENTIN.

Vous connaissez mon zèle et mon empressement ;
Et s'il est à Paris, j'ai des amis fidèles,
Qui, dans une heure au plus, m'en diront des nouvelles.

LE CHEVALIER.

Je vais chez Araminte, elle sait mon retour ;
Il faudra feindre encor' que je brûle d'amour.
Elle n'a nul soupçon de ma nouvelle flamme.

ACTE I, SCÈNE III

Tu sais le caractère et l'esprit la dame;
Elle est vieille, et jalouse à désoler les gens;
Ses airs et ses discours sont tous impertinents;
Enfin, c'est une folle, et qui veut qu'on la flatte :
Quoiqu'un rayon d'espoir pour mon amour éclate,
Incertain du succès, je la veux ménager.
Retourne à la douane, au coche, au messager.
Mais Araminte sort. Va vite où je t'envoie.
(Valentin emporte la malle et sort.)

SCÈNE III

ARAMINTE, FINETTE; LE CHEVALIER, à part.

ARAMINTE.

Nous reverrons Ménechme aujourd'hui : quelle joie!
Je ne puis demeurer en place, ni chez moi.
Pareil empressement doit l'agiter, je croi.
Comment me trouves-tu? dis, Finette.

FINETTE.

Charmante.

Votre beauté surprend, ravit, enlève, enchante.
Il semble que l'amour, dans ce jour si charmant,
Ait pris soin par mes mains de votre ajustement.

ARAMINTE.

Cette fille toujours eut le goût admirable.
(Apercevant le chevalier qui s'approche.)
Ah! monsieur, vous voilà! Quel destin favorable,
Plus que je n'espérais, presse votre retour?
Et quel dieu près de moi vous ramène?

LE CHEVALIER.

L'Amour.

ARAMINTE.

L'Amour! Le pauvre enfant!

LE CHEVALIER.

Votre aimable présence
Me dédommage bien des chagrins de l'absence.
Non, je ne vois que vous qui, sans art, sans secours,
Puissiez paraître ainsi plus jeune tous les jours.

ARAMINTE.

Fi donc, badin! L'amour quelquefois, quoique absente,
A votre souvenir me rendait-il présente?
Votre portrait charmant, et qui fait tout mon bien,
Que je reçus de vous, quand vous prîtes le mien,
Me consolait un peu d'une absence effroyable :
Le mien a-t-il sur vous fait un effet semblable?

LE CHEVALIER.

Votre image m'occupe et me suit en tous lieux;
La nuit même ne peut vous cacher à mes yeux,
Et cette nuit encor, je rappelle mon songe
(O douce illusion d'un aimable mensonge!) :
Je me suis figuré, dans mon premier sommeil,
Etre dans un jardin, au lever du soleil,
Que l'aurore vermeille, avec ses doigts de roses,
Avait semé de fleurs nouvellement écloses :
Là, sur les bords charmants d'un superbe canal,
Qui reçoit dans son sein un torrent de cristal,
Où cent flots écumants, et tombant en cascades,
Semblent être poussés par autant de naïades;
Là, dis-je, reposant sur un lit de roseaux,
Je vous vois sur un char sortir du fond des eaux;
Vous aviez de Vénus et l'habit et la mine :
Cent mille amours poussaient une conque marine;
Et les zéphyrs badins, volant de toutes parts,
Faisaient au gré des airs flotter des étendards.

FINETTE.
Ah! ciel! le joli rêve!

ARAMINTE.
Achevez, je vous prie.

LE CHEVALIER.
Mon âme, à cet aspect, d'étonnement saisie...

ARAMINTE.
Et j'étais la Vénus flottant sur ce canal?

LE CHEVALIER.
Oui, madame, vous-même, en propre original.
L'esprit donc enchanté d'un si noble spectacle,
Je me suis avancé près de vous sans obstacle.

ARAMINTE.

De grâce, dites-moi, parlant sincèrement,
Sous l'habit de Vénus, avais-je l'air charmant,
Le port noble et divin?

LE CHEVALIER.

      Le plus divin du monde :
Vous sentiez la déesse une lieue à la ronde.
M'étant donc avancé pour vous donner la main,
Le jardin à mes yeux a disparu soudain;
Et je me suis trouvé dans une grotte obscure,
Que l'art embellissait ainsi que la nature.
Là, dans un plein repos, et couronné de fleurs,
Je vous persuadais de mes vives douleurs.
Vous vous laissiez toucher d'une bonté nouvelle,
Et preniez de Vénus la douceur naturelle,
Lorsque, par un malheur qui n'a point de pareil,
Mon valet, en entrant, a causé mon réveil.

ARAMINTE.

Je suis au désespoir de cette circonstance :
Et voilà des valets l'ordinaire imprudence !
Toujours mal à propos ils viennent nous trouver.

LE CHEVALIER.

Mon songe n'est pas fait, et je veux l'achever.

ARAMINTE.

D'accord. Mais je voudrais que, pour vous satisfaire,
Votre bonheur toujours ne fût pas en chimère,
Et qu'un heureux hymen, entre nous concerté,
Pût donner à vos feux plus de réalité.
Mais j'en crains le retour : dans le siècle où nous sommes,
Le dégoût dans l'hymen est naturel aux hommes;
Et la possession souvent du premier jour
Leur ôte tout le sel et le goût de l'amour.

LE CHEVALIER.

Ah! madame, pour vous mon amour est extrême :
Je sens qu'il doit aller par delà la mort même :
Et si, par un malheur que je n'ose prévoir,
Votre mort... Ah! grands dieux! quel affreux désespoir!
Mon âme, en y pensant, de douleur possédée...

ARAMINTE.
Rejetons loin de nous cette funeste idée ;
Et pour mieux célébrer le plaisir du retour,
Je veux que nous dînions ensemble dans ce jour.
J'ai fait dès ce matin inviter une amie,
Et vous augmenterez la bonne compagnie.
LE CHEVALIER.
Madame, cet honneur m'est bien avantageux.
Une affaire à présent m'arrache de ces lieux :
Pour revenir plus tôt, je pars en diligence.
ARAMINTE.
Allez. Je vous attends avec impatience.
LE CHEVALIER.
Ici, dans un moment, je reviens sur mes pas.

SCÈNE IV

ARAMINTE, FINETTE.

ARAMINTE.
L'amour qu'il a pour moi ne s'imagine pas ;
Mais, en revanche aussi, je l'aime à la folie.
Comment le trouves-tu ?
FINETTE.
        Sa figure est jolie.
Son valet Valentin n'est pas mal fait aussi :
Nous nous aimons un peu.

SCÈNE V

DÉMOPHON, ARAMINTE, FINETTE.

FINETTE.
        Mais quelqu'un vient ici.
C'est Démophon.
DÉMOPHON.
Bonjour, ma sœur.
ARAMINTE.
        Bonjour, mon frère.

DÉMOPHON.
Bonjour. J'allais chez vous pour vous parler d'affaire.
ARAMINTE.
Ici, comme chez moi, vous pouvez m'ennuyer.
DÉMOPHON.
Votre nièce Isabelle est d'âge à marier;
Et monsieur Robertin, dont je connais le zèle,
A su me ménager un bon parti pour elle :
Un jeune homme doué d'esprit et de vertus,
Possédant, qui plus est, soixante mille écus
D'un oncle qui l'a fait unique légataire,
Dont ledit Robertin est le dépositaire;
Et j'apprends, par les mots du billet que voici,
Que cet homme en ce jour doit arriver ici.
ARAMINTE.
J'en suis vraiment fort aise.
DÉMOPHON.
     Or donc, ce mariage
Étant pour la famille un fort grand avantage,
Et vous voyant déjà, ma sœur, sur le retour,
N'ayant, comme je crois, nul penchant pour l'amour,
Je me suis bien promis qu'en faveur de l'affaire
Vous feriez de vos biens donation entière,
Vous gardant l'usufruit jusques à votre mort.
ARAMINTE.
Jusqu'à ma mort! Vraiment, ce projet me plaît fort !
Vous vous êtes promis, il faut vous dépromettre.
L'âge, comme je crois, peut encor me permettre
D'aspirer à l'hymen et d'avoir des enfants.
DÉMOPHON.
Vous moquez-vous, ma sœur? Vous avez cinquante ans.
ARAMINTE.
Moi, j'ai cinquante ans! moi! Finette?
FINETTE.
        Quels reproches !
Hélas! on n'est jamais trahi que par ses proches.
A cause que madame a vécu quelque temps,
On ne la croit plus jeune! Il est de sottes gens !

DÉMOPHON.
Ma sœur, dans mon calcul je crois vous faire grâce;
Et je raisonne ainsi : J'en ai cinquante, et passe;
Vous êtes mon aînée; ergo, dans un seul mot,
Vous voyez si j'ai tort.
ARAMINTE.
Votre ergo n'est qu'un sot;
Et je sais fort bien, moi, que cela ne peut être.
Ma jeunesse à mon teint se fait assez connaître.
Ce que je puis vous dire en termes clairs et nets,
C'est qu'il faut de mon bien vous passer pour jamais;
Que je me porte mieux que tous tant que vous êtes;
Que, malgré les complots qu'en votre âme vous faites,
Je prétends enterrer, avec l'aide de Dieu,
Les enfants que j'aurai, vous et ma nièce. Adieu.
C'est moi qui vous le dis; m'entendez-vous, mon frère?
Allons, Finette, allons.

(Elle sort.)

SCÈNE VI
FINETTE, DÉMOPHON.

DÉMOPHON.
Le joli caractère!
FINETTE.
Monsieur, une autre fois, ou bien ne parlez pas,
Ou prenez, s'il vous plaît, de meilleurs almanachs.
Ma maîtresse est encor, malgré vous, jeune et belle;
Et tous les connaisseurs vous la soutiendront telle.

SCÈNE VII
DÉMOPHON, seul.

Je jugeais à peu près quels seraient ses discours;
Et j'ai fort prudemment cherché d'autres secours.
Allons voir le notaire, et prenons des mesures
Pour rendre, s'il se peut, les affaires bien sûres.
Si l'homme en question est tel qu'on me l'a dit,
Terminons au plus tôt l'hymen dont il s'agit.

ACTE DEUXIÈME

SCÈNE I
LE CHEVALIER, VALENTIN.

VALENTIN.
Votre frère est trouvé, mais ce n'est pas sans peine ;
Vous m'en voyez, monsieur, encor tout hors d'haleine.
J'avais couru Paris de l'un à l'autre bout,
Au coche, au messager, à la poste et partout ;
Et je vous avertis que je n'ai passé rue,
Où quelque créancier ne m'ait choqué la vue :
J'ai même rencontré ce Gascon, ce marquis,
A qui, depuis un an, nous devons cent louis...

LE CHEVALIER.
J'ai honte de devoir si longtemps cette somme ;
Il me l'a, tu le sais, prêtée en galant homme ;
Et du premier argent que je pourrai toucher,
De m'acquitter vers lui rien ne peut m'empêcher.

VALENTIN.
Tant mieux. Ne sachant plus enfin quel parti prendre,
A la douane encor j'ai bien voulu me rendre.
Là, j'ai vu votre frère au milieu des commis,
Qui s'emportait contre eux du quiproquo commis.
Je l'ai connu de loin ; et cette ressemblance,
Dont vous m'avez parlé, passe toute croyance :
Le visage et les traits, l'air et le ton de voix,
Ce n'est qu'un ; je m'y suis trompé plus d'une fois.
Son esprit, il est vrai, n'est pas semblable au vôtre.
Il est brusque, impoli ; son humeur est tout autre :
On voit bien qu'il n'a pas goûté l'air de Paris ;
Et c'est un franc Picard qui tient de son pays.

LE CHEVALIER.
On doit peu s'étonner de cet air de rudesse
Dans un provincial nourri sans politesse :

Et ce n'est qu'à Paris que l'on perd aujourd'hui
Cet air sauvage et dur qui règne encore en lui.

VALENTIN.

De loin, comme j'ai dit, j'observais sa querelle;
Et quand, il est sorti, j'ai fait briller mon zèle;
J'ai flatté son esprit; enfin, j'ai si bien fait,
Qu'il veut, comme je crois, me prendre pour valet.
Il s'est même informé pour une hôtellerie.
Moi, dans les hauts projets dont mon âme est remplie,
J'ai d'abord enseigné l'auberge que voici.
Il doit dans un moment me venir joindre ici.

LE CHEVALIER.

Quels sont ces hauts projets dont ton âme est charmée?

VALENTIN.

La Fortune aujourd'hui me paraît désarmée.
Tantôt, chemin faisant, j'ai cru, sans me flatter,
Que de la ressemblance on pourrait profiter,
Pour obtenir plus tôt Isabelle du père,
Et tirer, qui plus est, cet argent du notaire :
Ce serait deux beaux coups à la fois!

LE CHEVALIER.

Oui, vraiment.

VALENTIN.

Cela pourrait peut-être arriver aisément.
A notre campagnard nous donnerions la tante;
Pour vous serait la nièce, et pour moi la suivante.

LE CHEVALIER.

Mais comment ferions-nous, dans ce hardi dessein,
Pour mettre promptement cette affaire en bon train?

VALENTIN.

Il faut premièrement quitter cette parure,
Prendre d'un héritier l'habit et la figure,
L'air entre triste et gai. Le deuil vous sied-il bien?

LE CHEVALIER.

Si c'est comme héritier, ma foi, je n'en sais rien :
Jamais succession ne m'est encor venue.

VALENTIN.

Faites bien le dolent à la première vue.

ACTE II, SCÈNE I

Imposez au notaire, et soyez diligent,
Autant que vous pourrez, à toucher cet argent.

LE CHEVALIER.

J'ai de tromper mon frère, au fond, quelque scrupule.

VALENTIN.

Quelle délicatesse et vaine et ridicule !
Nantissez-vous de tout sans rien mettre au hasard ;
Après, à votre gré vous lui ferez sa part.
S'il tenait cet argent, il se pourrait bien faire
Qu'il n'aurait pas pour vous un si bon caractère.

LE CHEVALIER.

Si pour ce bien offert tu me vois quelque ardeur,
C'est pour mieux mériter Isabelle et son cœur.
Je l'adore ; et je puis te dire, en confidence,
Qu'elle ne me voit pas avec indifférence.
Son père n'en sait rien et ne me connaît pas ;
Pour l'obtenir de lui je n'ai fait aucun pas :
Et n'ayant pour tout bien que la cape et l'épée,
Toute mon espérance aurait été trompée.
Quelque raison encor m'arrête en ce moment.

VALENTIN.

Quelle est-elle ?

LE CHEVALIER.

J'ai pris certain engagement,
Et promis, par écrit, d'épouser Araminte.

VALENTIN.

Sur cet engagement bannissez votre crainte.
Bon ! si l'on épousait autant qu'on le promet,
On se marierait plus que la loi ne permet.
Allons au fait. Pour mettre en état notre affaire,
Il faut être vêtu comme l'est votre frère.
Il porte le grand deuil ; son linge est effilé ;
Un baudrier noué d'un crêpe tortillé ;
Sa perruque de peu diffère de la vôtre.
Ainsi vous n'aurez pas besoin d'en prendre une autre.
Allez vous encrêper sans perdre un seul instant.

LE CHEVALIER.

Pour dîner avec elle Araminte m'attend.

VALENTIN.
Vous avez maintenant bien autre chose à faire;
Vous dînerez demain. Je crois voir votre frère :
Il vient de ce côté, je ne me trompe pas;
Vous, de cet autre-ci marchez, doublez le pas.
LE CHEVALIER.
Mais, dis-moi cependant...
VALENTIN.
Je n'ai rien à vous dire;
De tout, dans un moment, je saurai vous instruire.

SCÈNE II

MÉNECHME, en deuil; VALENTIN.

VALENTIN.
A la fin vous voilà, monsieur. Depuis longtemps,
Pour tenir ma parole, ici je vous attends.
MÉNECHME.
Oui, vraiment, me voilà; mais j'ai cru, de ma vie,
Ne pouvoir arriver à votre hôtellerie.
Quel pays! quel enfer! J'ai fait cent mille tours;
Je n'ai jamais couru tant de risque en mes jours.
On ne peut faire un pas que l'on ne trouve un piége :
Partout quelque filou m'investit et m'assiége.
Là, l'épée à la main des archers malfaisants,
Conduisant leur capture, insultent les passants.
Un fiacre, me couvrant d'un déluge de boue,
Contre le mur voisin m'écrase de sa roue,
Et, voulant me sauver, des porteurs inhumains
De leur maudit bâton me donnent dans les reins.
Quel bruit confus! quels cris! Je crois qu'en cette ville
Le diable a pour jamais élu son domicile.
VALENTIN.
Oh! Paris est un lieu de tumulte et d'éclat.
MÉNECHME.
Comment! j'aimerais mieux cent fois être au sabbat.
Un bois plein de voleurs est plus sûr. Ma valise,
Contre la foi publique, en arrivant, m'est prise;

On la change en une autre, où ce qui fut dedans,
A le bien estimer, ne vaut pas quinze francs :
Des billets doux de femme y sont pour toutes hardes.

VALENTIN.

Il faut en ce pays être un peu sur ses gardes.

MÉNECHME.

Je ne le vois que trop. Suffit, ce coup de main
Me rendra désormais plus alerte et plus fin.
Heureusement encor, laissant ma malle au coche,
J'ai mis fort prudemment mon argent dans ma poche.

VALENTIN.

En toute occasion on voit les gens d'esprit.
Je vous ai, dans ce lieu, fait préparer un lit,
Dans un appartement fort propre et fort tranquille.
Comptez-vous de rester longtemps en cette ville?

MÉNECHME.

Le moins que je pourrai; je n'ai pas trop sujet
De me louer fort d'elle et d'être satisfait.
Je viens m'y marier.

VALENTIN.

C'est pourtant une affaire
Que l'on ne conclut pas en un jour, d'ordinaire.

MÉNECHME.

J'y viens pour prendre aussi soixante mille écus
Qu'un oncle que j'avais, et qu'enfin je n'ai plus,
Attendu qu'il est mort, par grâce singulière,
M'a laissés depuis peu, comme à son légataire.

VALENTIN.

Tout est-il pour vous seul, monsieur?

MÉNECHME.

Assurément.
La guerre m'a défait d'un frère heureusement.
Depuis près de vingt ans, à la fleur de son âge,
Il a de l'autre monde entrepris le voyage,
Et n'est point revenu.

VALENTIN.

Le ciel lui fasse paix,
Et dans tous vos desseins vous donne un plein succès!

Si vous avez besoin de mon petit service,
Vous pouvez m'employer, monsieur, à tout office :
Je connais tout Paris, et je suis toujours prêt
A servir mes amis sans aucun intérêt.

MÉNECHME.
Ne sauriez-vous me dire où loge un certain homme,
Un honnête bourgeois, que Démophon l'on nomme?

VALENTIN.
Démophon?

MÉNECHME.
Justement, c'est ainsi qu'il a nom.

VALENTIN.
Qui peut vous enseigner mieux que moi sa maison?
Nous irons. Avez-vous avec lui quelque affaire?

MÉNECHME.
Oui. Sauriez-vous encore où demeure un notaire
Qu'on nomme Robertin?

VALENTIN.
Ah! vraiment, je le croi;
Vous ne pouvez pas mieux vous adresser qu'à moi;
Il est de mes amis, et nous irons ensemble.

SCÈNE III

FINETTE, MÉNECHME, VALENTIN.

VALENTIN, à part.
Mais j'aperçois Finette. Ah! juste ciel! je tremble
Qu'elle ne vienne ici gâter ce que j'ai fait.

FINETTE, à Valentin.
Que diantre fais-tu là, planté comme un piquet?
Le dîner se morfond; ma maîtresse s'ennuie.
(Apercevant Ménechme, qu'elle prend pour le chevalier.)
Ah! vous voilà, monsieur, vraiment j'en suis ravie!

MÉNECHME.
Et pourquoi donc?

FINETTE.
J'allais au-devant de vos pas,
Voir qui peut empêcher que vous ne venez pas :

Ma maîtresse ne peut en deviner la cause.
Mais qu'est-ce donc, monsieur? quelle métamorphose!
Pourquoi cet habit noir et ce lugubre accueil?
En peu de temps, vraiment, vous avez pris le deuil.
Faut-il, pour un dîner, s'habiller de la sorte?
Venez-vous d'un convoi, monsieur?

MÉNECHME.

Que vous importe?
Je suis comme il me plaît.

(A part, à Valentin.)
Les filles en ces lieux
Ont l'abord familier et l'esprit curieux.

VALENTIN, bas à Ménechme.

C'est l'humeur du pays; et, sans beaucoup d'instance,
Avec les étrangers elles font connaissance...

FINETTE.

Mon zèle de ces soins ne peut se dispenser :
A ce qui vous survient je dois m'intéresser;
Ma maîtresse a pour vous une tendresse extrême,
Et je dois l'imiter.

MÉNECHME.
Votre maîtresse m'aime?

FINETTE.
Ne le savez-vous pas?

MÉNECHME.
Je veux être pendu
Si, jusqu'à ce moment, j'en ai jamais rien su.

FINETTE.

Vous en avez pourtant déjà fait quelque épreuve :
Et, si vous en voulez de plus solide preuve,
Quand vous souhaiterez, vous serez son époux.

MÉNECHME.
Je serai son époux?

FINETTE.
Oui, vraiment.

MÉNECHME.

Qui? moi?

FINETTE.

Vous n'avez pas, je crois, d'autre dessein en tête. Vous.
MÉNECHME.
La proposition est, ma foi, fort honnête!
(A part, à Valentin.)
Voilà, sur ma parole, une agente d'amour.
VALENTIN, bas, à Ménechme.
Elle en a bien la mine.
FINETTE.
Avant votre retour,
Mille amants sont venus s'offrir à ma maîtresse;
Mais Ménechme est le seul qui flatte sa tendresse.
MÉNECHME
D'où savez-vous mon nom?
FINETTE.
D'où savez-vous le mien?
MÉNECHME.
D'où je sais le vôtre?
FINETTE.
Oui.
MÉNECHME.
Je n'en sus jamais rien.
Je ne vous connais point.
FINETTE
A quoi bon cette feinte?
Je me nomme Finette, et sers chez Araminte;
Et plus de mille fois je vous ai vu chez nous.
MÉNECHME.
Vous servez chez elle?
FINETTE.
Oui.
MÉNECHME.
Ma foi, tant pis pour vous.
Je ne m'y connais pas, ou bien, sur ma parole,
Vous êtes là, m'amie, en très-mauvaise école.
FINETTE.
Laissons ce badinage. En un mot, comme en cent,
Ma maîtresse à dîner chez elle vous attend.

Pour vous faire trouver meilleure compagnie,
Elle a, dans ce repas, invité son amie,
Belle et de bonne humeur, qui loge en son quartier.
####### MÉNECHME.
Votre maîtresse fait un fort joli métier!
####### FINETTE, bas, à Valentin.
Mais parle-moi donc, toi. Quelle vapeur nouvelle
A pu, dans un moment, déranger sa cervelle?
####### VALENTIN, bas, à Finette.
Depuis un certain temps il est assez sujet
A des distractions dont tu peux voir l'effet.
Il me tient quelquefois un discours vain et vague
A tel point qu'on dirait souvent qu'il extravague.
####### FINETTE.
Tantôt il paraissait assez sage; et peut-on
Perdre en si peu de temps et mémoire et raison!
(A Ménechme.)
Voulez-vous, de bon sens, me dire une parole?
####### MÉNECHME.
Mais vous-même, m'amie, êtes-vous ivre ou folle,
De me baliverner avec vos contes bleus,
Et me faire enrager depuis une heure ou deux?
Qu'est-ce qu'une Araminte, un objet qui m'adore,
Une amie, un dîner, et cent discours encore,
Tous plus sots l'un que l'autre, à quoi l'on ne comprend
Non plus qu'à de l'algèbre, ou bien à l'Alcoran?
####### FINETTE.
Vous ne voulez donc pas être plus raisonnable,
Ni dîner au logis?
####### MÉNECHME.
Non, je me donne au diable.
Votre maîtresse ailleurs, en ces nobles projets,
Peut, à d'autres oiseaux, tendre ses trébuchets.
Et vous, son émissaire et son honnête agente,
C'est un vilain emploi que celui d'intrigante;
Quelque malheur enfin vous en arrivera,
Je vous en avertis, quittez ce métier-là.
Faites votre profit de cette remontrance.

LES MÉNECHMES. — 3.

FINETTE.
Nous verrons si dans peu vous aurez l'insolence
De faire à ma maîtresse un discours aussi sot :
Je vais lui dire tout, sans oublier un mot.
　　(A Valentin.)
Adieu, digne valet d'un trop indigne maître ;
J'espère que dans peu nous nous ferons connaître.
　　(A part.)
Je ne le connais plus, et ne sais où j'en suis.

SCÈNE IV

MÉNECHME, VALENTIN.

MÉNECHME.
Quelle ville, bon Dieu ! quel étrange pays !
On me l'avait bien dit, que ces femmes coquettes,
Pour faire réussir leurs pratiques secrètes,
Des nouveaux débarqués s'informaient avec soin,
Pour leur dresser après quelque piége au besoin.
VALENTIN.
Au coche elle aura pu savoir comme on vous nomme,
Et que vous arrivez pour toucher une somme.
MÉNECHME.
Justement, c'est de là qu'elle a pu le savoir :
Mais, contre leurs complots, j'ai su me prévaloir ;
Et si de m'attrapper quelqu'un se met en tête,
Il ne faut pas, ma foi, que ce soit une bête.
VALENTIN.
Ne restons pas, monsieur, en ce lieu plus longtemps :
Les femmes à Paris ont des attraits tentants,
Où les cœurs les plus fiers enfin se laissent prendre.
MÉNECHME.
Votre conseil est bon ; entrons sans plus attendre.

SCÈNE V

ARAMINTE, FINETTE, MÉNECHME, VALENTIN.

ARAMINTE, à Finette.
Non, je ne croirai point ce que tu me dis là.
FINETTE.
Vous verrez si je mens : parlez-lui, le voilà.
ARAMINTE, à Ménechme, qu'elle prend pour le chevalier.
Tandis que de vous voir je meurs d'impatience,
Vous témoignez, monsieur, bien de l'indifférence !
Le dîner vous attend; et vous savez, je crois,
Que je n'ai de plaisir que lorsque je vous vois.
MÉNECHME.
En vérité, madame, il faut que je vous dise...
Que je suis fort surpris... et que, dans ma surprise...
Je trouve surprenant .. Je ne m'attendais pas
A voir ce que je vois... Car enfin vos appas,
Quoiqu'un peu...dérangés...pourraient bien me confondre :
Si d'ailleurs...
(A part.)
Par ma foi, je ne sais que répondre.
ARAMINTE.
Le trouble où je vous vois, ce noir déguisement,
Ne m'annoncent-ils point de triste événement?
Vous est-il survenu quelque mauvaise affaire?
Parlez, mon cher enfant. Daignez ne me rien taire,
Vous êtes-vous battu?
MÉNECHME.
Jamais je ne me bats.
ARAMINTE.
Tout mon bien est à vous, et ne l'épargnez pas.
Quand on s'aime, et qu'on a pour but de chastes chaînes,
Tout le bien et le mal, le plaisir et les peines,
Tout, entre deux amants, ne doit devenir qu'un.
Il faut mettre nos maux et nos biens en commun;
Et je veux avec vous courir même fortune.
MÉNECHME.
Je vous suis obligé de vous voir si commune;

Mais je n'userai point de la communauté
Que vous m'offrez, madame, avec tant de bonté.
ARAMINTE.
Mais je ne comprends point quels discours sont les vôtres.
FINETTE.
Bon! madame, il m'en a tantôt tenu bien d'autres
VALENTIN, bas à Araminte.
Dans ses discours, parfois, il est impertinent.
ARAMINTE.
Entrons donc pour dîner.
MÉNECHME.
                Je ne puis, maintenant;
J'ai quelque affaire ailleurs.
ARAMINTE.
                  J'ai tort de vous contraindre :
Mais de votre froideur j'ai sujet de tout craindre.
MÉNECHME.
Quel diantre de discours! Passez, et laissez-nous.
Je n'ai jamais senti ni froid ni chaud pour vous.
FINETTE.
Eh bien! peut-on plus loin porter l'impertinence?
Ferme, monsieur; ici poussez bien l'insolence :
Mais, ma foi, si jamais chez nous vous revenez,
Je vous fais de la porte un masque sur le nez.
MÉNECHME.
Quand j'irai, je consens, pour punir ma folie,
Que la porte sur moi se brise et m'estropie.
ARAMINTE.
Mais d'où venez-vous donc? Ne me déguisez rien.
MÉNECHME.
Vous feignez l'ignorer; mais vous le savez bien.
N'avez-vous pas tantôt envoyé voir au coche
Qui je suis, d'où je viens, où je vais?
ARAMINTE.
                          Quel reproche!
Et de quel coche ici me venez-vous parler?
MÉNECHME.
Du coche le plus rude où mortel puisse aller;
Et je ne pense pas, que de Paris à Rome,

Un autre, tel qu'il soit, cahote mieux son homme.
ARAMINTE.
Finette, il perd l'esprit.
FINETTE.
Il ne perd pas beaucoup.
Il faut assurément qu'il ait trop bu d'un coup :
C'est le vin qui le porte à ces extravagances.
MÉNECHME.
Je suis las, à la fin, de tant d'impertinences.
Des soins plus importants me mettent en souci :
C'est pour les terminer que l'on me voit ici,
Et non pas pour dîner avec des créatures
Qui viennent comme vous chercher des aventures.
ARAMINTE.
Des créatures! Ciel! quels termes sont-ce là?
FINETTE.
Des créatures! nous! Ah! madame, voilà
Les deux plus grands fripons... Si vous m'en voulez croire,
Frottons-les comme il faut, pour venger notre gloire...
MÉNECHME.
Doucement, s'il vous plaît; modérez votre ardeur.
FINETTE.
Je ne me suis jamais senti tant de vigueur.
J'aurai soin du valet; n'épargnez pas le maître.
VALENTIN, se sauvant.
De tout ce différend je ne veux rien connaître;
Et je ne prétends point me battre contre toi.
Si l'on vous brutalise, est-ce ma faute à moi?
ARAMINTE.
Que je suis malheureuse! et quelle est ma faiblesse
D'avoir à cet ingrat déclaré ma tendresse!
Finette, tu le sais; rien ne te fut caché.
FINETTE.
Perfide! scélérat! ton cœur n'est point touché?
MÉNECHME.
Là, là, consolez-vous. Si cet amour extrême
Est venu promptement, il passera de même.
ARAMINTE.
Va, n'attends plus de moi que haine et que rigueurs.
(Elle s'en va.)

MÉNECHME.
Bon! je me passerai fort bien de vos faveurs.

SCÈNE VI

FINETTE, MÉNECHME, VALENTIN.

FINETTE, à Ménechme.
Ah! maudit renégat, le plus méchant du monde!
Que le ciel te punisse, et l'enfer te confonde!
Si nous avions bien fait, nous t'aurions étranglé.
Il faut assurément qu'on l'ait ensorcelé;
Et ce n'est plus lui-même.
(Finette sort; Ménechme la suit, et s'arrête à l'entrée d'une rue.)
MÉNECHME, à Finette et à Araminte qu'il suit des yeux.
Adieu donc, mes princesse,
Choisissez mieux vos gens pour placer vos tendresses.

SCÈNE VII

MÉNECHME, VALENTIN.

MÉNECHME, revenant à Valentin.
Mais voyez quelle rage et quel déchaînement!
J'ai senti cependant un tendre mouvement;
Le diable m'a tenté. J'ai trouvé la suivante
D'un minois revenant, et fort appétissante.
VALENTIN.
Vous avez jusqu'au bout bravement combattu;
Et l'on ne peut assez louer votre vertu.
Mais entrons au plus tôt dans cette hôtellerie,
Pour n'être plus en butte à quelle brusquerie.
Là, si vous me jugez digne de quelque emploi,
Vous pourrez m'occuper, et vous servir de moi.
MÉNECHME.
Je brûle cependant d'aller voir ma maîtresse.
Un désir curieux plus que l'amour me presse.
VALENTIN.
Lorsque vous aurez fait un tour dans la maison,

Je vous y conduirai, si vous le trouvez bon.
MÉNECHME.
Adieu, jusqu'au revoir.

SCÈNE VIII
VALENTIN, seul.

      Je vais trouver mon maître,
Savoir en quel état les choses peuvent être;
S'il agit de sa part; s'il a bon air en deuil.
Courage, Valentin; ferme; bon pied, bon œil.

ACTE TROISIÈME

SCÈNE I

LE CHEVALIER, vêtu en deuil; VALENTIN.

VALENTIN.
Rien n'est plus surprenant; et votre ressemblance
Avec votre jumeau passe la vraisemblance.
Vous et lui ce n'est qu'un : étant vêtu de deuil,
Il n'est homme à présent dont vous ne trompiez l'œil.
On ne peut distinguer qui des deux est mon maître;
Et moi, votre valet, j'ai peine à vous connaître.
Pour ne m'y pas tromper, souffrez que de ma main
Je vous attache ici quelque signe certain.
Donnez-moi ce chapeau.
LE CHEVALIER.
      Qu'en prétends-tu donc faire?
VALENTIN, mettant une marque au chapeau.
Vous marquer de ma marque, ainsi que votre père,
Pour vous mieux distinguer, faisait fort prudemment.
LE CHEVALIER.
Tu veux rire, je crois?

VALENTIN.
                Je ne ris nullement :
Et je pourrais fort bien, le premier, m'y méprendre.
                LE CHEVALIER.
Le notaire à ces traits s'est déjà laissé prendre :
Il m'a reçu d'abord d'un accueil obligeant;
Et dans une heure il doit me compter mon argent.
                VALENTIN.
Quoi! monsieur, il vous doit compter toute la somme,
Soixante mille écus?
                LE CHEVALIER.
            Tout autant.
                VALENTIN.
                        . L'honnête homme!
D'autres à ce jumeau se sont déjà mépris :
Pour vous, en ce lieu même, Araminte l'a pris,
Et chez elle à dîner a voulu l'introduire.
Lui, surpris, interdit, et ne sachant que dire,
Croyant qu'elle tendait un piége à sa vertu,
L'a brusquement traitée; il s'est presque battu;
Et, si je n'avais pas apaisé la querelle,
Il serait arrivé mort d'homme ou de femelle.
                LE CHEVALIER.
Mais n'a-t-il point sur moi quelques soupçons naissants?
                VALENTIN.
Quel soupçon voulez-vous qu'il ait? Depuis vingt ans
Il vous croit trop bien mort; et jamais, quoi qu'on ose,
Il ne peut du vrai fait imaginer la cause.
                LE CHEVALIER.
L'aventure est plaisante, et j'en ris à mon tour.
Mais voyons le beau-père, et servons notre amour.
Heurte vite.
    (Valentin va frapper à la port de Démophon qui sort.)

SCÈNE II

DÉMOPHON, LE CHEVALIER, VALENTIN.

            VALENTIN, à Démophon.
        Êtes-vous, monsieur, un honnête homme

Appelé Démophon?
DÉMOPHON.
C'est ainsi qu'on me nomme.
VALENTIN.
Je me réjouis fort de vous avoir trouvé.
Voilà mon maître ici fraîchement arrivé,
Qui se nomme Ménechme, et qui vient de Péronne
A dessein d'épouser votre fille en personne.
DÉMOPHON, au chevalier.
Ah! monsieur, permettez que cet embrassement
Vous fasse voir l'excès de mon contentement.
LE CHEVALIER.
Souffrez aussi, monsieur, qu'une pareille joie
Dans cet embrassement à vos yeux se déploie.
Et que tout le respect ici vous soit rendu,
Que doit à son beau-père un gendre prétendu.
DÉMOPHON.
Votre taille, votre air, votre esprit, tout m'enchante!
Et mon âme serait entièrement contente,
Si votre oncle défunt, que je voyais souvent,
Pour voir cette alliance était encor vivant.
LE CHEVALIER.
Ah! monsieur, n'allez pas rappeler de sa cendre
Un oncle que j'aimais d'une amitié bien tendre.
Ce garçon vous dira l'excès de mes douleurs,
Et combien, à sa mort, j'ai répandu de pleurs.
VALENTIN.
Qu'à son âme le ciel fasse miséricorde!
Mais nous parler de lui, c'est toucher une corde
Bien triste... et qui pourrait... Mais il était bien vieux.
DÉMOPHON.
Mais point trop. Nous étions de même âge tous deux,
Cinquante ans environ.
VALENTIN.
Ce mot se peut entendre
En diverses façons, suivant qu'on veut le prendre.
Je dis qu'il était vieux pour son peu de santé;
Il se plaignait toujours de quelque infirmité.

DÉMOPHON.
Point du tout ; et je crois que, dans toute sa vie,
Il ne fut attaqué que de la maladie
Qui causa de sa mort le funeste accident.

LE CHEVALIER.
C'était un corps de fer.

VALENTIN.
Il est vrai... cependant...

LE CHEVALIER, bas à Valentin.
Tais-toi donc.

DÉMOPHON.
Ce discours peut rouvrir votre plaie ;
Prenons une matière et plus vive et plus gaie.
Vous allez voir ma fille ; et j'ose me flatter
Que son air et ses traits pourront vous contenter.

LE CHEVALIER.
Il faudra que pour moi le devoir sollicite ;
Je compte, en vérité, bien peu sur mon mérite.

DÉMOPHON.
Vous avez très-grand tort, vous devez y compter ;
Et du premier coup d'œil vous saurez l'enchanter.
Je me connais en gens, croyez-en ma parole :
Et, de plus, Isabelle est une cire molle
Que je forme et pétris comme il me prend plaisir,
Quand vous ne seriez pas au gré de son désir
(Ce qui me tromperait bien fort), je suis son père.
Et pour voir à mes lois combien elle défère,
Mettez-vous à l'écart, je m'en vais l'appeler ;
Et, sans être aperçu, vous l'entendrez parler.
(Il entre chez lui.)

SCÈNE III

LE CHEVALIER, VALENTIN.

LE CHEVALIER.
Laisse-moi seul ici ; va-t'en trouver mon frère :
Empêche-le surtout d'aller chez le notaire ;
C'est le point principal.

VALENTIN.
J'en demeure d'accord.
Mais je ne pourrai pas, dans son ardent transport,
L'empêcher de venir ici voir sa maîtresse :
Ainsi je suis d'avis, quelque ardeur qui vous presse
Que vous soyez succinct en discours amoureux.
LE CHEVALIER.
Va vite ; je ne suis qu'un moment en ces lieux.

SCÈNE IV

DÉMOPHON, ISABELLE, LE CHEVALIER,
(A l'écart.)

DÉMOPHON.
Isabelle, approchez.
ISABELLE.
Que voulez-vous, mon père ?
DÉMOPHON.
Vous dire quatre mots, et vous parler d'affaire.
Un homme de province, assez bien fait pourtant,
Doit, pour vous épouser, arriver à l'instant.
ISABELLE, à part.
Qu'entends-je ?
DÉMOPHON.
Ce parti vous est fort convenable ;
La naissance, le bien, tout m'est très-agréable,
Et la personne aussi sera de votre goût.
ISABELLE.
Mon père, sans pousser ce discours jusqu'au bout,
Permettez-moi de dire avecque déférence,
Et sans vouloir pour vous manquer d'obéissance,
Que je ne prétends point me marier.
DÉMOPHON.
Comment ?
D'où vous vient pour l'hymen ce brusque éloignement ?
Vous n'avez pas tenu toujours un tel langage.
ISABELLE.
Il est vrai ; mais enfin l'esprit vient avec l'âge.

J'en connais les dangers. Aujourd'hui les époux
Sont tous, pour la plupart, inconstants ou jaloux;
Ils veulent qu'une femme épouse leurs caprices :
Les plus parfaits sont ceux qui n'ont que peu de vices.
DÉMOPHON.
Celui-ci te plaira quand tu l'auras connu.
ISABELLE.
Tel qu'il soit, je le hais avant de l'avoir vu :
Il suffit que ce soit un homme de province;
Et je n'en voudrais pas, quand ce serait un prince.
LE CHEVALIER, se montrant.
Madame, il ne faut pas si fort se déchaîner
Contre le malheureux que l'on veut vous donner;
Si vous le haïssez, il s'en peut trouver d'autres
De qui les sentiments différeront des vôtres.
ISABELLE, à part.
Que vois-je? juste ciel! et quel étonnement!
C'est Ménechme, grands dieux! c'est lui, c'est mon amant.
DÉMOPHON, au chevalier.
Je suis au désespoir qu'un dégoût téméraire
Ait rendu son esprit à mes lois si contraire...
Mais je l'obligerai, si vous le souhaitez...
LE CHEVALIER.
Non; ne contraignons point, monsieur, ses volontés :
J'aimerais mieux mourir que d'obliger madame
A faire quelque effort qui contraignît son âme.
DÉMOPHON.
Regarde le parti qui t'était destiné;
Un époux fait à peindre, un jeune homme bien né,
Dont l'esprit est égal au bien, à la naissance.
LE CHEVALIER.
J'avais tort de porter si haut mon espérance.
ISABELLE.
Quoi! c'est là le parti que vous me proposiez?
DÉMOPHON.
Eh! oui, si dans mon choix vous ne me traversiez,
Si votre sot dégoût et vos folles pensées
Ne rompaient mes desseins et toutes mes visées.

ISABELLE.
A ne vous point mentir, depuis que je l'ai vu,
Mon cœur n'est plus si fort contre lui prévenu.
DÉMOPHON.
Vous voyez ce que fait l'autorité d'un père.
LE CHEVALIER.
Vous n'avez plus pour moi cette haine sévère,
Et votre œil sans dédain s'accoutume à me voir?
ISABELLE.
Mon père me l'ordonne, et je suis mon devoir.

SCÈNE V

ARAMINTE, LE CHEVALIER, DÉMOPHON, ISABELLE.

ARAMINTE, au chevalier.
Ah! te voilà donc, traître! avec quelle impudence
Oses-tu dans ces lieux soutenir ma présence!
Après m'avoir traitée avec indignité,
Ne crains-tu point l'effet de mon cœur irrité?
LE CHEVALIER.
Madame, je ne sais ce que vous voulez dire;
Et ce brusque discours a de quoi m'interdire.
Vous me prenez ici pour un autre, je croi.
Quel sujet auriez-vous de vous plaindre de moi!
ARAMINTE.
Tu feins de l'ignorer, âme double et traîtresse!
Tu m'abusais, hélas! d'une feinte tendresse :
Et moi, de bonne foi, je te donnais mon cœur,
Sans connaître le tien et toute sa noirceur.
LE CHEVALIER.
Vous m'honorez vraiment par delà mes mérites;
Mais je ne comprends rien à tout ce que vous dites.
DÉMOPHON.
Ma foi, ni moi non plus. Mais, dites-moi, ma sœur,
A quoi tend ce discours? Quelle bizarre humeur...
LE CHEVALIER, à Démophon.
Madame est votre sœur?

DÉMOPHON.
Oui, monsieur, dont j'enrage
De plus, ma sœur aînée, et n'en est pas plus sage.
(A Araminte.)
Quel caprice nouveau, quel démon, dis-je, enfin,
Vous oblige à venir, en faisant le lutin,
Scandaliser ici, monsieur, qui, de sa vie,
Ne vous vit, ne connut, et n'en a nulle envie?
ARAMINTE.
Il ne me connaît pas! Vous êtes fou, je crois!
Depuis plus de deux ans l'ingrat vit sous mes lois!
Il a fait de mon bien un assez long usage :
J'ai fait à mes dépens son dernier équipage;
Et si de ses malheurs je n'avais eu pitié,
Il aurait tout au long fait la campagne à pied.
DÉMOPHON, bas au chevalier.
Je vous le disais bien, qu'elle était un peu folle.
LE CHEVALIER, bas, à Démophon.
Elle y vise assez.
DÉMOPHON, bas, au chevalier.
Oh! j'en donne ma parole.
LE CHEVALIER.
Je ne veux pas ici m'exposer plus longtemps
A m'entendre tenir des discours insultants.
A madame, à présent, je quitte la partie;
Je reviendrai sitôt qu'elle sera partie.
DÉMOPHON, bas, au chevalier.
Ne vous arrêtez point à tout ce qu'elle dit;
Il faut s'accomoder à son bizarre esprit.
LE CHEVALIER.
Pour un moment, monsieur, souffrez que je vous quitte;
Je reviens sur mes pas achever ma visite.
(Il s'en va.)
ARAMINTE, au chevalier.
Ne crois pas m'échapper.

SCÈNE VI

ARAMINTE, DÉMOPHON, ISABELLE.

ARAMINTE, revenant sur ses pas.
          Je connais vos desseins;
Vous voudriez tous deux l'arracher de mes mains.
Mais je veux l'épouser en dépit de la fille,
Du père, des parents, de toute la famille,
En dépit de lui-même, et de moi-même aussi.
                              (Elle sort.)

SCÈNE VII

DÉMOPHON, ISABELLE.

DÉMOPHON.
Quel vertigo l'agite, et la conduit ici?
Toujours de plus en plus son cerveau se démonte.
ISABELLE.
Il est vrai que souvent pour elle j'en ai honte.
DÉMOPHON.
Je crains que cette femme, avec sa brusque humeur,
Ne soit venue ici causer quelque malheur.

SCÈNE VIII

MÉNECHME, VALENTIN, DÉMOPHON, ISABELLE.

VALENTIN, à Ménechme, dans le fond.
Oui, monsieur, les voilà, la fille avec le père;
Vous pouvez avec eux parler de votre affaire.
DÉMOPHON, allant à Ménechme, qu'il prend pour le chevalier.
Ah! monsieur, pour ma sœur et pour sa vision,
Il faut, ma fille et moi, vous demander pardon.
Vous savez bien qu'il est, en femmes comme en filles,
Des esprits de travers dans toutes les familles.

MÉNECHME.
Oui, monsieur.
DÉMOPHON.
Vous voilà promptement de retour.
J'en suis ravi.
MÉNECHME.
Je viens vous donner le bonjour,
Et, par même moyen, amant tendre et fidèle,
Épouser une fille appelée Isabelle,
Dont vous êtes le père, à ce que chacun dit.
En peu de mots, voilà tout ce qui me conduit.
DÉMOPHON.
Je vous l'ai déjà dit et je vous le répète,
Combien de ce parti mon âme est satisfaite :
Ma fille en est contente; elle vous a fait voir
Qu'elle suit maintenant l'amour et le devoir.
Elle a senti d'abord un peu de répugnance;
Mais, vous voyant, son cœur n'a plus fait de défense.
MÉNECHME.
Nous nous sommes donc vus quelquefois ?
DÉMOPHON.
A l'instant,
Vous sortez d'avec elle et paraissez content.
MÉNECHME.
Moi! je sors d'avec elle?
DÉMOPHON.
Oui, sans doute, vous-même;
Nous avions, de vous voir, une allégresse extrême,
Quand ma sœur est venue, avec ses sots discours,
De notre conférence interrompre le cours.
Se peut-il que sitôt vous perdiez la mémoire ?
MÉNECHME.
Nous rêvons, vous ou moi. Quoi! vous me ferez croire
Que j'ai vu votre fille ? En quel temps ? comment ? où ?
DÉMOPHON.
Tout à l'heure, en ces lieux.
MÉNECHME.
Allez, vous êtes fou.
C'est me faire passer pour un visionnaire;

Et ce début, tout franc, ne me satisfait guère.
Quoi qu'il en soit enfin, à présent je la vois;
Que ce soit la première ou la seconde fois,
Il importe fort peu pour notre mariage.

DÉMOPHON, bas.

Cet homme, dans l'abord, me paraissait plus sage.

MÉNECHME.

Madame, on m'a vanté, par écrit, vos appas :
J'en suis assez content; mais j'en fais peu de cas,
Quand l'esprit ne va pas de pair avec les charmes.
C'est à vous là-dessus à guérir mes alarmes :
J'en dirai mon avis quand vous aurez parlé.

ISABELLE, à part.

Je ne le connais plus, son esprit s'est troublé.

MÉNECHME.

J'aime les gens d'esprit plus que personne en France;
J'en ai du plus brillant, et le tout sans science.
Je trouve que l'étude est le parfait moyen
De gâter la jeunesse et n'est utile à rien;
Aussi je n'ai jamais mis le nez dans un livre;
Et quand un gentilhomme, en commençant à vivre,
Sait tirer en volant, boire, et signer son nom,
Il est aussi savant que défunt Cicéron.

DÉMOPHON.

Prendrez-vous une charge à la cour, à l'armée?

MÉNECHME.

Mon âme dans ce choix est indéterminée.
La cour aurait pour moi d'assez puissants appas,
Si la sujétion ne me fatiguait pas.
La guerre me ferait d'ailleurs assez d'envie,
Si des gens bien versés en l'art d'astrologie
Ne m'avaient assuré que je vivrai cent ans :
Or, comme les guerriers vont peu jusqu'à ce temps,
Quoique mon nom fameux pût voler dans l'Europe,
Je veux, si je le puis, remplir mon horoscope.
Oh! j'aime à vivre, moi.

VALENTIN.
     Vous êtes de bon sens.

ISABELLE, bas.
Quel discours! quel travers! Est-ce lui que j'entends?
MÉNECHME.
Qu'avez-vous, s'il vous plaît? Vous paraissez surprise,
Comme si je disais ici quelque sottise.
Vous avez bien la mine, et soit dit entre nous,
De faire peu de cas des leçons d'un époux.
ISABELLE.
Je sais à quel devoir l'état de femme engage.
MÉNECHME.
Jusqu'ici je vous crois et vertueuse et sage ;
Cependant ce regard amoureux et fripon
Pour le temps à venir ne me dit rien de bon :
J'en tire un argument, sans être philosophe,
Que vous me réservez à quelque catastrophe.
Plaît-il? qu'en dites-vous ?
DÉMOPHON.
    Monsieur, ne craignez rien;
Isabelle toujours doit se porter au bien.
ISABELLE.
Ciel ! peut-on me tenir de tels discours en face?
Mon père, permettez que je quitte la place :
Monsieur me flatte trop ; ses tendres compliments
Me font connaître assez quels sont ses sentiments.
(Elle sort.)

SCÈNE IX

DÉMOPHON, MÉNECHME, VALENTIN.

DÉMOPHON, à part.
Mon gendre avait d'abord de plus belles manières.
MÉNECHME.
Les filles n'aiment pas les hommes si sincères.
VALENTIN.
Vous ne les flattez pas.
MÉNECHME.
    Oh! parbleu, je suis franc.
Femme, maîtresse, ami, tout m'est indifférent ;
Je ne me contrains pas, et dis ce que je pense.

DÉMOPHON.
C'est bien fait. Vous aurez, je crois, la complaisance
De ne plus demeurer autre part que chez moi?
MÉNECHME.
Je reçois cette grâce ainsi que je le doi;
Mais il faut...
DÉMOPHON.
Vous souffrir en une hôtellerie!
Ce serait un affront...
MÉNECHME.
Laissez-moi, je vous prie,
Pour quelque temps encor vivre à ma liberté.
DÉMOPHON.
Soit. Je vais travailler à l'hymen projeté.
(A part.)
Mon gendre prétendu me paraît bien sauvage;
Mais le bien qu'il apporte est un grand avantage.

SCÈNE X
MÉNECHME, VALENTIN.

MÉNECHME.
J'ai donc vu là l'objet dont je serai l'époux?
VALENTIN.
Oui, monsieur, le voilà.
MÉNECHME.
Tout franc, qu'en dites-vous?
VALENTIN.
Mais, si vous souhaitez que je parle sans feinte,
De ses perfections je n'ai pas l'âme atteinte.
MÉNECHME.
Ma foi, ni moi non plus.

SCÈNE XI
M. COQUELET, MÉNECHME, VALENTIN.

VALENTIN, à part.
Quel surcroît d'embarras!
Un de nos créanciers tourne vers nous ses pas :

C'est le marchand fripier qui nous rend sa visite.
    M. COQUELET, à Ménechme, qu'il prend pour le chevalier.
De mon petit devoir humblement je m'acquitte.
J'ai, ce matin, monsieur, appris votre retour,
Et je viens des premiers vous donner le bonjour.
Nous étions tous pour vous dans une peine extrême ;
Car, dans notre maison, tout le monde vous aime,
Moi, ma fille, ma femme : elles tremblaient de peur
Qu'il ne vous arrivât quelque coup de malheur.
    MÉNECHME.
M'aimer sans m'avoir vu ! voilà de bonnes âmes !
Je n'aurais jamais cru tant être aimé des femmes !
    M. COQUELET.
Nous le devons, monsieur, pour plus d'une raison :
Vous êtes dès longtemps ami de la maison.
    MÉNECHME, bas, à Valentin.
Quel est cet homme-là ?
    VALENTIN, bas, à Ménechme.
               C'est un visionnaire,
Une espèce de fou d'un plaisant caractère,
Qui s'est mis dans l'esprit que tous les gens qu'il voit
Sont de ses débiteurs, et veut que cela soit :
C'est sa folie, enfin ; il n'aborde personne
Qu'un mémoire à la main ; et déjà je m'étonne
Qu'il ne vous ait point fait quelque sot compliment.
    MÉNECHME, bas, à Valentin.
Sa folie est nouvelle et rare assurément.
    M. COQUELET.
Votre bonne santé, plus que l'on ne peut croire,
Me charme et me ravit. Voici certain mémoire
Qu'avant votre départ je vous fis arrêter,
Et que vous me paierez, je crois, sans contester.
    VALENTIN, bas, à Ménechme.
Que vous avais-je dit ?
    M. COQUELET.
              J'ai, pendant votre absence,
Obtenu contre vous certain mot de sentence,
Et par corps.

ACTE III, SCÈNE XI

MÉNECHME.
Et par corps?

M. COQUELET.
Mais, bénin créancier,
J'ai différé toujours d'en charger un huissier :
De poursuites, d'exploits, il vous romprait la tête.

MÉNECHME.
Mais vous êtes vraiment trop bon et trop honnête!
Comment vous nomme-t-on?

M. COQUELET.
Oh! vous le savez bien.

MÉNECHME.
Je veux être un maraud si j'en sus jamais rien.

M. COQUELET.
Pourriez-vous oublier...

VALENTIN, prenant M. Coquelet à part.
Ignorez-vous encore
Le mal qui le possède!

M. COQUELET, à Valentin.
Oui, vraiment, je l'ignore.

VALENTIN, à part, à M. Coquelet.
Sa mémoire est perdue; il ne se souvient plus
Ni de ce qu'il a fait, ni des gens qu'il a vus.
Ainsi, de lui parler du passé, c'est folie.
Son nom même, son nom, bien souvent il l'oublie.

M. COQUELET, à part, à Valentin.
Ciel! que me dites-vous? Quel triste événement!
Et comment se peut-il qu'à son âge...

VALENTIN, bas.
Comment?
On l'a mis, à la guerre, en une batterie
D'où le canon tirait avec tant de furie,
Qu'il s'est fait dans sa tête une commotion
Qui de son souvenir empêche l'action.
De son faible cerveau... la membrane trop tendre...
Oh! l'effet du canon ne saurait se comprendre.

M. COQUELET, à Ménechme.
Je plains bien le malheur qui vous est survenu;

Mais je puis assurer que le tout m'est bien dû.
Vous savez...
MÉNECHME.
Oui, je sais, sans en faire aucun doute,
Et vois que la raison est chez vous en déroute.
M. COQUELET.
Monsieur, souvenez-vous que ce sont des habits
Qu'à votre régiment l'an passé je fournis.
MÉNECHME.
Mon régiment, à moi ? Cherchez ailleurs vos dettes ;
Et je n'ai pas le temps d'entendre vos sornettes :
Vous êtes un vieux fou.
M. COQUELET.
Je suis marchand fripier ;
Mon nom est Coquelet, syndic et marguillier.
Si vous avez perdu, par malheur, la mémoire,
Les articles sont tous contenus au mémoire.
(Il lui donne son mémoire.)
MÉNECHME.
Tiens, voilà ton mémoire, et comme j'en fais cas.
(Il déchire le mémoire, et lui jette les morceaux au visage.)
VALENTIN, à Ménechme.
Ah ! monsieur, contre un fou ne vous emportez pas.
M. COQUELET, ramassant les morceaux.
Déchirer un billet !... le jeter à la face !...
Vous êtes un fripon.
MÉNECHME.
Un fripon, moi !
VALENTIN, se mettant entre deux.
De grâce...
M. COQUELET.
Je vous ferai bien voir...
VALENTIN, à M. Coquelet.
Sans faire tant de bruit,
Plaignez plutôt l'état où le sort l'a réduit.
M. COQUELET.
Un mémoire arrêté !
VALENTIN, à M. Coquelet.
Ne faites point d'affaires.

M. COQUELET.
C'est un crime effroyable et digne des galères.
MÉNECHME, à Valentin.
Laissez-moi lui couper le nez.
VALENTIN, à Ménechme.
Laissez-le aller :
Que feriez-vous, monsieur, du nez d'un marguillier?
(A M. Coquelet.)
Vous causerez ici quelque accident funeste.
M. COQUELET.
Je veux être payé ; je me moque du reste.
VALENTIN, à M. Coquelet
Partez, monsieur, partez. Voulez-vous de nouveau,
Par vos cris redoublés, ébranler son cerveau?
M. COQUELET.
Oui, je pars ; mais peut-être avant qu'il soit une heure,
Je lui ferai changer de ton et de demeure.
Serviteur.

SCÈNE XII

MÉNECHME, VALENTIN.

VALENTIN.
Contre un fou fallait-il vous fâcher?
MÉNECHME.
De quoi s'avise-t-il de me venir chercher
Pour être le plastron de ses impertinences?
Qu'il prenne un autre champ pour ses extravagances.
Allons chez mon notaire et ne différons plus.
VALENTIN.
Présentement, monsieur, nos pas seraient perdus ;
Il n'est pas chez lui ; mais bientôt il doit s'y rendre :
Dans peu, pour l'aller voir, je reviendrai vous prendre.
Certain devoir pressant m'appelle à quatre pas.
MÉNECHME.
Je vous attendrai donc. Allez, ne tardez pas.
Je m'en vais un moment tranquilliser ma bile.
Tout est devenu fou, je crois, dans cette ville.

Ma foi, de tous les gens que j'ai vus aujourd'hui,
Je n'ai trouvé que moi de raisonnable, et lui.
(Il sort.)

SCÈNE XIII

VALENTIN, seul.

Je prétends l'observer autour de cette place,
Le poisson, de lui-même, entre dans notre nasse :
Tout succède à mes vœux ; et j'espère, en ce jour,
Servir utilement la Fortune et l'Amour.

ACTE QUATRIÈME

SCÈNE I

VALENTIN, seul.

J'ai toujours observé cette porte de vue ;
Personne du logis n'est sorti dans la rue :
Mon maître a tout le temps de toucher son argent.
Je reviens en ce lieu, ministre diligent,
De crainte que notre homme, allant chez le notaire,
Ne fasse encore trop tôt découvrir le mystère.
Déjà d'un créancier il m'a débarrassé.
Je ris, lorsque je pense à ce qui s'est passé ;
Je les ai mis aux mains d'une ardeur assez vive.
Parbleu, vive les gens pleins d'imaginative ?

SCÈNE II

FINETTE, VALENTIN.

VALENTIN.

Mais j'aperçois Finette ; et mon cœur amoureux
Se sent, en la voyant, brûler de nouveaux feux.

ACTE IV, SCÈNE II

FINETTE.
Je cherche ici ton maître.
VALENTIN.
En attendant qu'il vienne,
Souffre que mon amour un moment t'entretienne,
Et que j'offre mon cœur à tes charmants attraits.
FINETTE.
Porte ailleurs tes présents; ne me parle jamais.
Ton maître m'a traitée avec tant d'insolence,
Qu'il faut sur le valet que j'en prenne vengeance.
M'appeler créature!
VALENTIN.
Ah! cela ne vaut rien.
Il est dur quelquefois et brutal comme un chien.
FINETTE.
J'ai de ses vilains mots l'oreille encor blessée;
Et ma maîtresse en est si fort scandalisée,
Que, rompant avec lui désormais tout à fait,
Je viens lui demander et lettres et portrait.
VALENTIN.
Pour les lettres, d'accord; c'est un dépôt stérile,
Dont la garde, à mon sens, est assez inutile:
Mais pour le portrait d'or, attendu le métal,
Le cas, à mon avis, ne paraît pas égal
Quand le besoin d'argent nous presse et nous harcelle,
Tu sais, ma pauvre enfant, qu'on troque la vaisselle.
FINETTE.
Pourrait-on d'un portrait faire si peu de cas?
VALENTIN.
Nous nous sommes trouvés dans de grands embarras.
Mais, depuis quelque temps, un oncle, un honnête homme,
(A peine pouvons-nous dire comme il se nomme)
A bien voulu descendre aux ténébreux manoirs,
Pour nous mettre à notre aise, et nous faire ses hoirs;
Soixante mille écus d'argent sec et liquide
Ont mis notre fortune en un vol bien rapide.
FINETTE.
Ah ciel! que me dis-tu?

VALENTIN.
Je dis la vérité.
FINETTE.
Quoi! dans si peu de temps vous auriez hérité?
VALENTIN.
Bon! nous avons appris le mal de ce bonhomme,
La mort, le testament, et reçu notre somme,
Dans le temps que tu mets à me le demander.
Mon maître est diablement habile à succéder.
FINETTE.
Oh! je n'en doute point.
VALENTIN.
Sois-en juge toi-même.
Tu vois bien qu'il ferait une sottise extrême,
S'il se piquait encor d'avoir des feux constants;
Il faut bien dans la vie aller comme le temps.
FINETTE.
Nous nous passerons bien d'amants tels que vous êtes.
VALENTIN.
A son exemple aussi je quitte les soubrettes:
Mon amour veut dompter des cœurs d'un plus haut rang:
Je prends un vol plus fier et suis haussé d'un cran.
Mes mains de cet argent seront dépositaires,
Et je vais me jeter, je crois dans, les affaires.
FINETTE.
Dans les affaires, toi?
VALENTIN.
Devant qu'il soit deux ans,
Je veux que l'on me voie avec des airs fendants,
Dans un char magnifique, allant à la campagne,
Ebranler les pavés sous six chevaux d'Espagne.
Un Suisse à barbe torse, et nombre de valets,
Intendants, cuisiniers, rempliront mon palais:
Mon buffet ne sera qu'or et que porcelaine;
Le vin y coulera comme l'eau dans la Seine:
Table ouverte à dîner; et les jours libertins,
Quand je voudrai donner des soupers clandestins,
J'aurai, vers le rempart, quelque réduit commode.

Où je régalerai les beautés à la mode,
Un jour l'une, un jour l'autre; et je veux à ton tour,
Et devant qu'il soit peu, t'y régaler un jour.
####### FINETTE.
J'en suis d'avis.
####### VALENTIN.
Pour toi ma tendresse est extrême.
Mais quelqu'un vient ici.

SCÈNE III

MÉNECHME, VALENTIN, FINETTE.

####### VALENTIN.
C'est Ménechme lui-même.
(A Ménechme.)
A vos ordres, monsieur, vous me voyez rendu.
####### MÉNECHME, à Valentin.
Vous m'avez, en ce lieu, quelque temps attendu;
Mais j'ai cherché longtemps un papier nécessaire,
Pour aller promptement finir chez le notaire.
####### FINETTE, à Ménechme qu'elle prend pour le chevalier.
Ma maîtresse, rompant avec vous tout à fait,
M'envoie ici, monsieur, demander son portrait,
Ses lettres, ses bijoux. En nous rendant les nôtres,
Elle m'a commandé de vous rendre les vôtres.
Les voilà.
(Elle tire de sa poche une boîte à portrait et un paquet de lettres.)
####### MÉNECHME, à Finette.
Tout ceci doit-il durer longtemps?
####### FINETTE.
C'est l'usage parmi tous les honnêtes gens:
Quand il est survenu rupture ou brouillerie,
Et que de se revoir on n'a plus nulle envie,
On se rend l'un à l'autre et lettres et portraits.
####### MÉNECHME.
C'est l'usage?
####### FINETTE.
Oui, monsieur; on n'y manque jamais.

Ce garçon vous dira que cela se pratique,
Lorsque de savoir-vivre et de monde on se pique.
VALENTIN.
Pour moi, dans pareil cas, toujours j'en use ainsi.
MÉNECHME.
Savez-vous bien, m'amie, enfin que tout ceci
M'ennuie étrangement, me lasse et me fatigue ;
Et que, pour vous payer de toute votre intrigue,
Vous pourriez bien sentir ce que pèse mon bras?
FINETTE.
Mort non pas de mes jours! ne vous y jouez pas.
Voilà votre portrait, et rendez-nous le nôtre.
MÉNECHME.
Mon portrait! Qu'est-ce à dire?
FINETTE.
Oui, sans doute, le vôtre,
Que ma maîtresse prit en vous donnant le sien.
MÉNECHME.
J'ai donné mon portrait à ta maîtresse?
FINETTE.
Eh bien!
Allez-vous dire encor que ce sont là des fables,
Et que rien n'est plus faux?
MÉNECHME.
Oui, de par tous les diables,
Je le dis, le soutiens, et je le soutiendrai.
FINETTE.
Quoi! vous pourriez jurer, monsieur...
MÉNECHME.
J'en jurerai.
Je ne me suis jamais ni fait graver ni peindre.
FINETTE, à part.
Ah! l'abominable homme..
VALENTIN, bas à Ménechme.
Il n'est plus temps de feindre;
Si vous l'avez reçu, dites-le sans façon :
C'est pousser assez loin votre discrétion.
MÉNECHME, à Valentin.
Je ne sais ce que c'est, ou l'enfer me confonde.

FINETTE.
Votre portrait n'est pas dans cette boîte ronde?
MÉNECHME.
Non, à moins que le diable, à me nuire obstiné,
Ne l'ait peint de sa main, et ne vous l'ait donné.
FINETTE, à part.
Quel audace! quel front! mais je veux le confondre.
Voyons à ce témoin ce qu'il pourra répondre.
(Elle ouvre la boîte et en montre le portrait à Ménechme.)
Eh bien! connaissez-vous ce visage et ces traits?
MÉNECHME, considérant le portrait.
Comment diable! c'est moi! qui l'eût pensé jamais?
Ce sont mes yeux, mon air.
VALENTIN, prenant le portrait.
Voyons donc, je vous prie,
Mettons l'original auprès de la copie.
Par ma foi, c'est vous-même; et vous voilà parlant :
Jamais peintre ne fit portrait si ressemblant.
MÉNECHME, à part.
Il entre là-dessous quelque sorcellerie;
Ou du moins j'entrevois quelque friponnerie.
Vous verrez qu'en venant par le coche, à leurs frais,
Ces deux coquines-là m'auront fait peindre exprès
Pour me jouer ici quelque noir stratagème.
FINETTE, à Ménechme.
Finissons, s'il vous plaît.
MÉNECHME.
Oh! finissez vous-même.
Allez apprendre ailleurs à connaître vos gens,
Et ne me rompez point la tête plus longtemps.
FINETTE.
Rendez donc le portrait.
MÉNECHME.
De qui?
FINETTE.
De ma maîtresse.
MÉNECHME, la prenant par les épaules.
Je ne sais ce que c'est. Passe vite, et me laisse.

FINETTE.
Savez-vous bien qu'avant de partir de ces lieux,
Je pourrais bien, monsieur, vous arracher les yeux ?
VALENTIN, bas à Ménechme.
Pour éviter, monsieur, de plus longue querelle,
Rendez-lui son portrait, et vous défaites d'elle.
Vous savez ce que c'est qu'une amante en courroux :
Les enfers déchaînés seraient cent fois plus doux.
MÉNECHME.
Mais quand elle serait mille fois plus diablesse,
Je ne la connais point, elle ni sa maîtresse,
VALENTIN, bas, à Finette.
Quoi qu'il dise, l'amour lui tient encore au cœur ;
Je vais le ramener un peu par la douceur.
Tu reviendras tantôt, je te ferai tout rendre.
FINETTE.
Eh bien ! jusqu'à ce temps je veux encore attendre ;
Mais si l'on manque après à me faire raison,
Je reviens, et je mets le feu dans la maison.

SCÈNE IV

MÉNECHME, VALENTIN.

MÉNECHME.
Mais peut-on sur les gens être tant acharnée ?
Pour me persécuter l'enfer l'a déchaînée.
VALENTIN.
Quand on est, comme vous, jeune, aimable et bien fait,
A ces petits malheurs on est souvent sujet.
Entre amants, tel dépit n'est qu'une bagatelle ;
Je veux, dès aujourd'hui, vous remettre avec elle.

SCÈNE V

LE MARQUIS, MÉNECHME, VALENTIN.

VALENTIN, à part.
Mais je vois le marquis ; il tourne ici ses pas.

Les cent louis nous vont donner de l'embarras.
LE MARQUIS, embrassant vivement Ménechme qu'il prend pour le chevalier.
Hé! cadédis, mon cher, qu'elle heureuse fortune!
Qué jé t'embrasse... encore et millé fois pour une.
Quelqué contentément qué j'aie à té révoir,
Régardé-moi : jé suis outré dé désespoir?
Lé jour mé scandalise, et voudrais contré quatre,
Pour terminer mon sort, trouver seul à mé battre.

MÉNECHME
Monsieur, je suis fâché de vous voir en courroux;
Mais je n'ai pas le temps de me battre avec vous.

LE MARQUIS.
Un coup dé pistolet mé serait coup dé grâce;
Jé voudrais qué quelqu'un m'écrasât sur la place.

MÉNECHME, à part, à Valentin.
Quel est ce Gascon-là?

VALENTIN, bas, à Ménechme.
     C'est un de vos amis,
Sans doute, et des plus chers.

MÉNECHME, bas, à Valentin.
      Jamais je ne le vis.

LE MARQUIS.
Jé sors d'uné maison, qué la terre engloutisse,
Et qu'avec elle encor la nature périsse!
Où, jusqu'au dernier sou, j'ai quitté mon argent.
D'un maudit lansquénet lé caprice outrageant
M'oblige à té prier dé vouloir bien mé rendre
Cent louis qué dé moi lé bésoin té fit prendre,
Excuse si jé viens ici t'importuner;
En l'état où jé suis, on doit tout pardonner.

MÉNECHME.
Je vous pardonne tout; pardonnez-moi de même,
Si je dis qu'en ce point ma surprise est extrême.
Je ne vous connais point. Comment auriez-vous pu
Me prêter cent louis, ne m'ayant jamais vu?

LE MARQUIS.
Quel est donc cé discours? Il mé passe. A l'entendre...

MÉNECHME.
Le vôtre est-il pour moi plus facile à comprendre?
LE MARQUIS.
Vous né mé dévez pas cent louis?
MÉNECHME.
Non, ma foi ;
Vous les avez prétés à quelqu'autre qu'à moi.
LE MARQUIS.
Il né vous souvient pas qu'allant en Allémagne,
Etant vide d'argent pour fairé la campagne,
Sans âne, ni mulet, prêt à demeurer là...
MÉNECHME, le contrefaisant.
Jé né mé souviens pas d'un mot dé tout cela.
LE MARQUIS.
Vous vîntes mé trouver pour vous faire ressource,
Et qué, sans déplacer, jé vous ouvris ma bourse?
MÉNECHME.
A moi? J'aurais perdu le sens et la raison,
De prétendre emprunter de l'argent d'un Gascon.
LE MARQUIS, montrant Valentin.
Cet hommé-ci présent peut rendré témoignage ;
Il était avec vous, jé rémets son visage.
(A Valentin.)
Viens çà, bélitre ; parle ; oseras-tu nier
Cé qué son mauvais cœur tâche en vain d'oublier?
VALENTIN.
Monsieur...
LE MARQUIS.
Parle, ou ma main dé fureur possédée...
VALENTIN.
Il m'en vient dans l'esprit quelque confuse idée.
LE MARQUIS.
Quelqué confuse idée? Oh! moi, j'en suis certain.
(A Ménechme.)
Çà, monsieur, mon argent, ou l'épée à la main.
MÉNECHME.
Quoi! pour ne vouloir pas vous donner cent pistoles,
Il faut que je me batte?

ACTE IV, SCENE V

LE MARQUIS.
Un peu : trêve aux paroles,
Il mé faut des effets; vite, dépêchez-vous.
MÉNECHME.
Je ne suis point pressé; de grâce, expliquons-nous.
LE MARQUIS.
Point d'explication, la chose est assez claire.
MÉNECHME.
Mais, monsieur...
LE MARQUIS.
Mais, monsieur, il faut mé satisfaire.
MÉNECHME.
Vous satisfaire, moi ! Mais je ne vous dois rien;
Faites-nous assigner, nous vous répondrons bien.
LE MARQUIS.
Quand on mé doit, voilà lé sergent qué jé porte.
(Il met l'épée à la main.)
MÉNECHME, à part.
Juste ciel ! quel brutal ! Si faut-il que j'en sorte.
(Haut.)
Combien vous est-il dû?
LE MARQUIS.
L'avez-vous oublié?
Cent louis.
MÉNECHME.
Cent louis ! j'en paierai la moitié.
LE MARQUIS.
Qué jé dévienne atome, ou qu'à l'instant jé meure,
Si vous né mé payez lé tout dans un quart d'heure.
VALENTIN, bas à Ménechme.
Il nous tuera tous deux. Quand vous ne serez plus,
De quoi vous serviront soixante mille écus?
Lui n'a plus rien à perdre.
MÉNECHME, bas, à Valentin.
Il est pourtant bien rude..
LE MARQUIS.
Qué dé réflexions, et qué d'incertitude !
MÉNECHME.
Si vous êtes si prompt, monsieur, tant pis pour vous;

Il me faut plus de temps pour me mettre en courroux.
Je n'ai pas cent louis, mais en voilà soixante.
(Bas, à Valentin.)
Tirez-moi de ses mains; faites qu'il se contente.
(A part.)
Ah! si je n'avais pas hérité depuis peu,
Je me battrais en diable; et nous verrions beau jeu.

VALENTIN, au marquis.

Voilà plus de moitié, monsieur, de votre dette;
Demain on vous fera votre somme complète.

LE MARQUIS, prenant la bourse.

Adieu, monsieur, adieu; jé vous croyais du cœur,
Et vous m'aviez fait voir des sentiments d'honneur;
Mais cette occasion mé prouve lé contraire;
Né m'approchez jamais qué dé loin... Plus d'affaire...
Jé serais dégradé dé noblesse chez nous,
Si j'étais accosté d'un lâche tel qué vous.

SCÈNE VI

MÉNECHME, VALENTIN.

MÉNECHME.

Je lui conseille encore de me chanter injure.
Où suis-je? quel pays! quelle race parjure!
Hommes, femmes, passants, marchands, Gascons, commis,
Pour me faire enrager, tous semblent s'être unis.
Je n'en connais aucun; et tous, à les entendre,
Sont mes meilleurs amis et viennent me surprendre.
Allons voir mon notaire; et sortons, si je puis,
Du coupe-gorge affreux et du bois où je suis.
(Il s'en va.)

VALENTIN, courant après lui.

Vous ne voulez donc pas que je vous y conduise?

MÉNECHME.

Jé n'ai besoin de vous ni de votre entremise;
Je vous suis obligé des services rendus;
A tout autre qu'à moi je ne me fierai plus;

Et j'appréhende encor, dans mon soupçon extrême,
D'être d'intelligence à me tromper moi-même.

SCÈNE VII

VALENTIN, seul.

Le pauvre diable en a, par ma foi, tout son soûl;
Il faudra qu'il décampe, ou qu'il devienne fou;
Pour peu de temps encor qu'en ces lieux il habite,
De tous ses créanciers mon maître sera quitte.

SCÈNE VIII

LE CHEVALIER, VALENTIN.

LE CHEVALIER.
Ah! mon cher Valentin, tu me vois hors de moi;
Mon bonheur est si grand qu'à peine je le croi.
J'ai reçu mon argent; regarde, je te prie,
Des billets que je tiens la force et l'énergie;
Tous billets au porteur, des meilleurs de Paris;
L'un de trois mille écus; l'autre de neuf, de six,
De huit, de cinq, de sept. J'achèterais, je pense,
Deux ou trois marquisats des mieux rentés de France.

VALENTIN.
Quelle aubaine! Le bien vous vient de toutes parts.
De grâce, laissez-moi promener mes regards
Sur ces billets moulés, dont l'usage est utile.
La belle impression! les beaux noms! le beau style!
Ce sont là les billets qu'il faut négocier,
Et non pas vos poulets, vos chiffons de papier,
Où l'amour se distille en de fades paroles,
Et qui ne sont partout pleins que de fariboles.

LE CHEVALIER.
Va, j'en connais le prix tout aussi bien que toi;
Mais jusqu'ici l'usage en fut peu fait pour moi:
J'espère à l'avenir m'en servir comme un autre.

VALENTIN.
Vous ignorez encor quel bonheur est le vôtre;
Votre frère pour vous vient encor d'être pris.
Le marquis, qui jadis nous prêta cent louis,
Est venu brusquement lui demander la somme.
Votre frère d'abord a rembarré son homme;
Mais lui, sourd aux raisons qu'il a pu lui donner,
A voulu sur-le-champ le faire dégaîner.
Notre jumeau prudent n'en a voulu rien faire;
Et, mettant à profit mon conseil salutaire,
Il en a délivré plus de moitié comptant,
Que le marquis a pris toujours en rabattant.

LE CHEVALIER.
Je lui suis obligé d'avoir payé mes dettes.

VALENTIN.
Vos obligations ne sont pas si parfaites;
Car avec Isabelle il vous a mis fort mal.

LE CHEVALIER.
Il l'a vue?

VALENTIN.
  Oui vraiment. Il est un peu brutal,
Ainsi que j'ai tantôt eu l'honneur de vous dire :
Il a sur son chapitre étendu sa satire,
Et tenu, face à face, un propos aigre-doux,
Qu'on met sur votre compte, et que l'on croit de vous.
Isabelle est sortie à tel point courroucée...

LE CHEVALIER.
Il faut de cette erreur détromper sa pensée.

SCÈNE IX

ISABELLE, LE CHEVALIER, VALENTIN.

LE CHEVALIER.
Mais je la vois paraître. Où tournez-vous vos pas,
Madame? où fuyez-vous?

ISABELLE, *traversant le théâtre.*
  Où vous ne serez pas.

VALENTIN.
Voilà le quiproquo.

ISABELLE.
Je vais chez Araminte,
Lui dire que pour vous ma tendresse est éteinte.
Aimez-la, j'y consens; je fais vœu désormais
De vous fuir comme un monstre et ne vous voir jamais.

LE CHEVALIER.
Madame...

ISABELLE.
Pour le prix de l'ardeur la plus vive,
Je ne reçois de vous qu'injure et qu'invective;
Je vous parais sans foi, sans esprit, sans appas.

LE CHEVALIER.
Madame, écoutez-moi.

ISABELLE.
Non; je ne comprends pas,
Si brutal que l'on soit, qu'on puisse avoir l'audace
De dire, de sang-froid, ces duretés en face.

LE CHEVALIER.
Vous saurez qu'en ces lieux...

ISABELLE.
Je ne veux rien savoir.

LE CHEVALIER.
C'est bien fait.

VALENTIN, à Isabelle.
Écoutez, sans tant vous émouvoir.

ISABELLE, à Valentin.
Veux-tu que je m'expose encore à ses sottises?

VALENTIN.
Mon Dieu! non. Sans sujet vous en venez aux prises.
Je vais dans un moment dissiper ce soupçon:
Tous deux vous avez tort, et vous avez raison.

ISABELLE.
Oh! pour moi, j'ai raison; toi-même, sois-en juge.

LE CHEVALIER.
Et moi, je n'ai pas tort.

VALENTIN.
Tout ce petit grabuge
Entre vous excité va finir en deux mots.
Monsieur vous a tantôt tenu certains propos
Assez durs, dites-vous?

ISABELLE.
Hors de toute créance.
LE CHEVALIER.
Moi! je vous ai...
VALENTIN, au chevalier.
Paix donc, point tant de pétulance.
Je ne dirai plus rien, si vous parlez toujours.
(A Isabelle.)
L'homme qui vous a fait d'impertinents discours,
C'est lui, sans être lui; ce n'est que son image,
De taille, de façon, de nom et de visage;
Et, quoique l'un soit l'autre, ils diffèrent entre eux;
Tous les deux ne font qu'un, et cependant font deux.
Ainsi, c'est l'autre lui, vêtu de ses dépouilles,
Le portrait de monsieur, qui vous a chanté pouilles.
ISABELLE.
De quels contes en l'air me fais-tu l'embarras?
LE CHEVALIER.
Sans l'entendre parler, ne vous emportez pas.
VALENTIN.
La chose, j'en conviens, ne paraît pas trop claire :
Mais sachez que monsieur en ces lieux a son frère,
Frère jumeau, semblable et d'habits et de traits,
Dont la langue a tantôt sur vous lancé ses traits.
Vous l'avez pris pour lui; mais quoiqu'il soit semblable,
L'autre est un faux brutal : voici le véritable.
ISABELLE.
Quelque étrange que soit ce surprenant récit,
Je me plais à le croire; il flatte mon esprit.
L'amour rend ma méprise et juste et pardonnable.
LE CHEVALIER.
Ce courroux à mes yeux vous rend plus adorable.
Souffrez que mon transport...
(Il veut lui baiser la main.)
ISABELLE.
Modérez ces désirs.
LE CHEVALIER.
Je me méprends aussi : transporté de plaisirs,
Je pousse un peu trop loin mes tendres entreprises.

Mais, d'une et d'autre part, oublions nos méprises.
VALENTIN, montrant la marque du chapeau du chevalier.
Pour ne vous plus tromper, regardez ce signal ;
Il doit, dans l'embarras, vous servir de fanal.
Mais n'allez pas tantôt, par-devant le notaire,
Epouser l'un pour l'autre, et prendre le contraire :
Vous apprendrez par là quel est le vrai des deux.
ISABELLE.
Mon cœur me le dira bien plutôt que mes yeux.
LE CHEVALIER.
Quoi qu'aujourd'hui le ciel fasse pour ma fortune,
Sans ce cœur j'y renonce, et je n'en veux aucune.
VALENTIN.
Trêve de compliments. Quand vous serez époux,
Il vous sera permis de tout dire entre vous.
La gloire en d'autres lieux vous et moi nous appelle.
Que madame à présent en paix rentre chez elle.
Nous, courons au contrat ; et qu'un heureux destin,
Comme il a commencé, mette l'affaire à fin.

ACTE CINQUIÈME

SCÈNE I

ARAMINTE, FINETTE.

FINETTE.
Je vous dis vrai, madame ; et je ne saurais croire
Que l'on puisse trouver une âme encor si noire.
Lorsque je l'ai pressé de rendre le portrait,
Il a voulu me battre, et l'aurait, je crois, fait,
Si son valet, plus doux, n'eût écarté l'orage.
Ah ! madame, armez-vous d'un généreux courage.
Poursuivez votre pointe, et faites bien valoir
Les droits que la raison met en votre pouvoir.

Vous avez sa promesse, il faut qu'il l'accomplisse.
ARAMINTE.
Si je ne le fais pas, que le ciel me punisse !
FINETTE.
Il n'est plus ici-bas de foi, de probité,
Plus de loi, plus d'honneur, plus de sincérité.
Les filles, en ce temps, si souvent attrapées,
Sur la foi des serments avaient été trompées ;
Et, voulant mettre un frein au dégoût des amants,
Se faisaient d'un écrit confirmer les serments.
Mais que leur sert d'user de cette prévoyance,
Si les écrits trompeurs n'ont pas plus de puissance ?
Je vois bien maintenant que, dans ce siècle ingrat,
Il ne faut se fier que sur un bon contrat.
Mais c'est notre destin : toujours, tant que nous sommes,
Nous serons le jouet et les dupes des hommes.
ARAMINTE.
Va, j'ai bien résolu, dans mon cœur courroucé,
De venger, si je puis, tout le sexe offensé.
FINETTE.
Quoi donc ! il ne tiendra, pour engager le monde,
Qu'à venir étaler une perruque blonde !
Une tête éventée, un petit freluquet,
Qui s'admire lui seul, et n'a que du caquet,
Parce qu'il a bon air, et qu'on a le cœur tendre,
Impunément viendra nous plaire et nous surprendre :
Nous fera par écrit sa déclaration,
Sans en venir après à la conclusion !
Non, c'est une noirceur qui crie au ciel vengeance.
Il faut de cet abus réprimer la licence ;
Et, quand ce ne serait que pour vous en venger,
Il faudrait l'épouser pour le faire enrager.
ARAMINTE.
Mais, s'il ne m'aime point, quel sera l'avantage
Que me procurera ce triste mariage ?
FINETTE.
Est-ce donc pour s'aimer qu'on s'épouse à présent ?
Cela fut bon du temps du monde adolescent ;
Et j'en vois tous les jours qui ne font pas un crime

D'épouser sans amour et même sans estime.
Il faut se marier : vous êtes dans un temps
Où les appas flétris s'effacent pour longtemps.
Ce conseil bienfaisant que mon zèle vous donne,
Je voudrais l'appliquer à ma propre personne;
Et rester vieille fille est un mal plus affreux
Que tout ce que l'hymen a de plus dangereux.

SCÈNE II

DÉMOPHON, ISABELLE, ARAMINTE, FINETTE.

DÉMOPHON.
Le hasard justement en ce lieu vous amène;
D'aller jusque chez vous il m'épargne la peine.
ARAMINTE.
Le hasard nous sert donc tous deux également,
Mon frère; car chez vous j'allais pareillement.
Vous m'épargnez des pas.
DÉMOPHON.
 Toujours préoccupée.
N'êtes-vous point, ma sœur, encore détrompée,
Et ne voyez-vous pas que votre passion
N'est rien qu'une chimère et pure vision?
Finissez, croyez-moi; n'allez pas davantage
Traverser mes desseins, et montrez-vous plus sage.
ARAMINTE.
Sans rime ni raison vous babillez toujours;
Mais vous savez quel cas je fais de vos discours.
Ménechme m'appartient; et voilà la promesse
Qu'il me fit de sa main pour marquer sa tendresse.
DÉMOPHON.
Mais jusqu'où va, ma sœur, votre crédulité?
ARAMINTE.
Il est, vous dis-je, à moi; je l'ai bien acheté.
Entendez-vous, ma nièce?
ISABELLE.
 Oui, sans doute, ma tante,
J'entends bien.

ARAMINTE.
Sans mentir, vous êtes fort plaisante
De vouloir m'enlever un cœur comme le sien,
Et vous approprier si hardiment mon bien !
Un procédé pareil est sot et malhonnête.
ISABELLE.
Qui pourrait de vos mains ravir une conquête ?
Quand on est une fois frappé de vos attraits,
Vos yeux vous sont garants qu'on ne change jamais.
Ce sont ces yeux charmants qui les volent aux autres.
ARAMINTE.
Mes yeux sont, pour le moins, aussi beaux que les vôtres ;
Et lorsque nous voudrons les employer tous deux,
On verra qui de nous y réussira mieux.
DÉMOPHON.
Oh ! je suis à la fin bien las de vous entendre.

SCÈNE III

MÉNECHME, DÉMOPHON, ISABELLE, ARAMINTE, FINETTE.

DÉMOPHON.
Heureusement ici je vois venir mon gendre.
(A Ménechme.)
Vous n'amenez donc pas le notaire en ces lieux ?
MÉNECHME.
J'ai cherché son logis en vain une heure ou deux,
Et je viens vous prier de m'y vouloir conduire.
Toujours quelque fâcheux a pris soin de me nuire.
DÉMOPHON.
Je l'attends, et je crois qu'il ne tardera pas.
MÉNECHME.
L'un, du bout de la place accourant à grands pas,
Comme le plus chéri de mes amis fidèles,
Me vient de ma santé demander des nouvelles ;
Un autre, à toute force, et me serrant la main,
Me veut mener souper au cabaret prochain ;
Celui-ci, m'arrêtant au détour d'une rue,

Me force à lui payer une dette inconnue :
Et de tous ces gens-là, me confonde l'enfer,
Si j'en connais aucun, non plus que Lucifer !
    ARAMINTE, à Ménechme.
Traître, c'en est donc fait ; malgré ta foi donnée,
Tu te veux engager dans un autre hyménée,
Malgré tous tes serments, malgré ton premier choix !
    MÉNECHME.
Ah ! nous y voilà donc encore une autre fois !
    ARAMINTE.
Tu me quittes, perfide, ingrat, cœur infidèle !
Tu te fais un plaisir de ma peine cruelle !
Tu me vois expirante, et cédant à mon sort,
Sans donner seulement une larme à ma mort !
       (Elle tombe sur Finette.)
    MÉNECHME.
Cette femme est sur moi rudement endiablée !
Il faut assurément qu'on l'ait ensorcelée.
Faudra-t-il que toujours je sois dans l'embarras
De voir une furie attachée à mes pas ?
    FINETTE, à Ménechme.
Vous, qui pour nous jadis eûtes tant de tendresse,
Verrez-vous dans mes bras expirer ma maîtresse ?
Cette pauvre innocente a-t-elle mérité
Qu'on payât son amour de tant de cruauté ?
    MÉNECHME.
Qu'elle expire en tes bras, que le diable l'emporte,
Et te puisse avec elle entraîner, que m'importe ?
Déjà, pour mon repos, il devrait l'avoir fait.
    ARAMINTE.
Perfide ! je me veux venger de ton forfait.
J'ai ta promesse en main ; voilà ta signature :
Je puis, par ce témoin, confondre l'imposture.
  (Démophon prend la promesse.)
    MÉNECHME, à Démophon.
Elle est folle à tel point qu'on ne peut l'exprimer :
Travaillez au plutôt à la faire enfermer.
   DÉMOPHON, lui montrant la promesse.
Mais voilà votre nom « Ménechme ».

(Bas.)
En confidence,
Avez-vous avec elle eu quelque intelligence?
C'est ma sœur, et je puis assoupir tout cela.
MÉNECHME, à part, à Démophon.
Moi! si j'ai jamais vu ces deux friponnes-là,
(Pardonnez-moi le mot; c'est votre sœur, n'importe),
Je veux bien à vos yeux, et devant que je sorte,
Que Satan... Lucifer...
DÉMOPHON, à part, à Ménechme.
Je vous crois sans jurer.
MÉNECHME.
Cette femme a fait vœu de me désespérer.
(A Araminte.)
Esprit, démon, lutin, ombre, femme, ou furie,
Qui que tu sois enfin, laisse-moi, je te prie.

SCÈNE IV

ROBERTIN, MÉNECHME, DÉMOPHON, ISABELLE, ARAMINTE, FINETTE.

DÉMOPHON.
Ah! monsieur Robertin, vous venez justement;
Et nous vous attendons avec empressement.
ROBERTIN.
Je vois avec plaisir toute la compagnie,
Dans un jour plein de joie, en ce lieu réunie.
Je crois que ma présence ici ne déplaît pas,
Surtout à la future : elle a beaucoup d'appas;
Mais un époux bien fait, tel que l'Amour lui donne,
Malgré tous ses attraits, manquait à sa personne :
Elle n'a maintenant plus rien à désirer.
MÉNECHME.
Si ce n'est d'être veuve et me voir enterrer :
C'est ce qui met le comble au bonheur d'une femme.
ISABELLE.
De pareils sentiments n'entrent point dans mon âme.

ACTE V, SCÈNE IV

ROBERTIN, à Isabelle.
Monsieur ne pense pas aussi ce qu'il vous dit.
Votre beauté le charme autant que votre esprit.
Je stipule, pour lui, que c'est un honnête homme.
MÉNECHME, à Robertin.
Vous vous moquez, monsieur.
ROBERTIN.
                    Et dans lui l'on renomme
La franchise du cœur qu'il a par préciput.
MÉNECHME, à Robertin.
Je voudrais pouvoir être avec vous but à but.
C'est vous qui des vertus êtes le protocole;
Et, pour vous bien louer, je n'ai point de parole.
ROBERTIN.
Puisque, comme je crois, vous êtes tous d'accord,
Il nous faut procéder.
ARAMINTE.
                    Rien ne presse si fort.
A ce bel hymen, moi, s'il vous plaît, je m'oppose;
Et j'en ai dans les mains une très-juste cause.
DÉMOPHON.
Vous direz vos raisons et vos griefs demain,
Ma sœur. Ne laissons pas d'aller notre chemin.
ROBERTIN.
Voici donc le contrat...
MÉNECHME.
                    Mais, monsieur le notaire,
Avant tout, finissons une certaine affaire
Qui, plus que celle-là, me tient sans doute au cœur.
ROBERTIN.
Tout ce qui vous convient est toujours le meilleur.
Je n'aurais pas usé de tant de diligence,
Si vous n'étiez venu chez moi me faire instance
De vouloir achever le contrat au plus tôt.
MÉNECHME.
Vous m'avez-vu chez vous?
ROBERTIN.
            Oui, monsieur.
MÉNECHME.
                        Quand?

ROBERTIN.

Tantôt...

MÉNECHME.

Qui? moi? moi?

ROBERTIN.

Vous; oui, vous. Au logis où j'habite,
Vous m'avez fait l'honneur de me rendre visite :
Mais je l'ai bien payé. Soixante mille écus
N'ont pas rendu vos pas ni vos soins superflus.

MÉNECHME.

Entendons-nous un peu. Que voulez-vous donc dire?

ROBERTIN.

Vous vous divertissez, vous avez de quoi rire.

MÉNECHME.

Je ne ris nullement, et me fâche à la fin.
Ne vous nommez-vous pas, s'il vous plaît, Robertin?

ROBERTIN.

Oui, l'on me nomme ainsi.

MÉNECHME.

N'êtes-vous pas notaire?

ROBERTIN.

Et, de plus, honnête homme.

MÉNECHME.

Oh! c'est une autre affaire.
N'aviez-vous pas chez vous soixante mille écus
A moi?

ROBERTIN.

Je les avais: mais je ne les ai plus.

MÉNECHME.

Comment donc?

ROBERTIN.

N'est-ce pas Ménechme qu'on vous nomme?

MÉNECHME.

Sans doute.

ROBERTIN.

C'est à vous que j'ai remis la somme,
En bon argent comptant, ou billets au porteur,
Dont j'ai votre quittance; et c'est là le meilleur.

MÉNECHME.
Quoi ! monsieur, vous auriez le front et l'insolence.
ROBERTIN.
Quoi ! monsieur, vous auriez l'audace et l'impudence...
MÉNECHME.
De dire que j'ai pris soixante mille écus ?
ROBERTIN.
De nier hardiment de les avoir reçus ?
MÉNECHME.
Voilà, je le confesse, un homme abominable.
ROBERTIN.
Voilà, je vous l'avoue, un fourbe détestable.
DÉMOPHON, se mettant entre eux deux.
Hé ! messieurs, doucement ; je suis pour vous honteux,
Et je ne sais ici qui croire de vous deux.
ISABELLE.
Monsieur pourrait-il bien avoir l'âme assez noire...
ARAMINTE.
Oui, c'est un scélérat, qui du crime fait gloire.
FINETTE.
Faites-lui son procès ; et, s'il en est besoin,
Je servirai toujours contre lui de témoin.

SCÈNE V

MÉNECHME, VALENTIN, DÉMOPHON, ARAMINTE, ISABELLE, ROBERTIN, FINETTE.

VALENTIN.
Hé ! qu'est-ce donc, messieurs ? Voilà bien du grabuge !
MÉNECHME, montrant Valentin.
De notre différend cet homme sera juge ;
Il ne m'a point quitté, je m'en rapporte à lui.
Qu'il parle.
(A Valentin.)
Ai-je reçu quelque argent aujourd'hui
De monsieur que voilà ?
VALENTIN.
Sans doute, en belle espèce.

Soixante mille écus, que votre oncle vous laisse,
Vous ont été comptés en argent ou valeur.
MÉNECHME, le prenant au collet.
Ah ! maudit faux témoin ! malheureux imposteur!
Tu peux soutenir...
VALENTIN.
Oui, je soutiens que la somme
A tantôt été mise entre les mains d'un homme
Semblable à vous d'habit, de mine, de hauteur,
Qui prétend épouser la fille de monsieur ;
Il s'appelle Ménechme, il est de Picardie ;
Et, si vous le niez, c'est une perfidie.
Je lèverai la main de tout ce que j'ai dit.
ROBERTIN, à Démophon.
Vous voyez s'il se peut un plus méchant esprit,
Plus noir, plus scélérat. Hélas ! qu'alliez-vous faire ?
Je vous embarquais là dans une belle affaire !
DÉMOPHON, à Ménechme.
Je vous prenais, monsieur, pour un homme de bien ;
Mais je vois à présent que vous ne valez rien.
ARAMINTE.
Après ce qu'il m'a fait, il n'est point d'injustice,
De crime, de noirceurs dont il ne soit complice.
FINETTE, à Ménechme.
Traître, te voilà donc à la fin confondu !
Sans autre procédure, il faut qu'il soit pendu.
MÉNECHME.
Non, je ne pense pas que l'enfer soit capable
De vomir sur la terre, en sa rage exécrable,
Des hommes, des démons si méchants que vous tous ;
Et... je ne puis parler, tant je suis en courroux.

SCÈNE VI

LE CHEVALIER, MÉNECHME, DÉMOPHON, ARAMINTE, ISABELLE, ROBERTIN, VALENTIN, FINETTE.

LE CHEVALIER, à part.
Ma présence, je crois, est ici nécessaire,
Pour découvrir le fond d'un surprenant mystère.

ACTE V, SCÈNE II

DÉMOPHON, apercevant le chevalier.
Qu'est-ce donc que je vois ?
ROBERTIN, apercevant le chevalier.
Quel prodige en ces lieux !
ARAMINTE, apercevant le chevalier.
Quelle aventure, ô ciel ! Dois-je en croire mes yeux ?
FINETTE, apercevant le chevalier.
Madame, je ne sais si j'ai le regard trouble,
Si c'est quelque vapeur ; mais enfin je vois double.
MÉNECHME, apercevant le chevalier.
Quel objet se présente, et que me fait-on voir ?
C'est mon portrait qui marche, ou bien c'est mon miroir.
LE CHEVALIER, à Ménechme.
Pourquoi prendre, monsieur, mon nom et ma figure ?
Je m'appelle Ménechme, et c'est me faire injure.
MÉNECHME, à part.
Voilà, sur ma parole, encor quelque fripon !
(Au chevalier.)
Et de quel droit, monsieur, me volez-vous mon nom ?
Je ne m'avise point d'aller prendre le vôtre.
LE CHEVALIER.
Pour moi, dès le berceau, je n'en ai point eu d'autre.
MÉNECHME.
Mon père, en son vivant, se fit nommer ainsi.
LE CHEVALIER.
Le mien, tant qu'il vécut, porta ce nom aussi.
MÉNECHME.
En accouchant de moi l'on vit mourir ma mère.
LE CHEVALIER.
La mienne est morte aussi de la même manière.
MÉNECHME.
Je suis de Picardie.
LE CHEVALIER.
Et moi pareillement.
MÉNECHME.
J'avais un certain frère, un mauvais garnement,
Et dont, depuis quinze ans, je n'ai nouvelle aucune.
LE CHEVALIER.
Du mien, depuis ce temps, j'ignore la fortune.

LES MÉNECHMES. — 6.

MÉNECHME.
Ce frère, étant jumeau, dans tout me ressemblait.
LE CHEVALIER.
Le mien est mon image ; et qui me voit, le voit.
MÉNECHME.
Mais vous qui me parlez, n'êtes-vous pas ce frère ?
LE CHEVALIER.
C'est vous qui l'avez dit : voilà tout le mystère.
MÉNECHME.
Est-il possible ? ô ciel !
LE CHEVALIER.
Que cet embrassement
Vous témoigne ma joie et mon ravissement.
Mon frère, est-ce bien vous ? quelle heureuse rencontre !
Se peut-il qu'à mes yeux la fortune vous montre ?
MÉNECHME.
Mon rère, en vérité... je m'en réjouis fort :
Mais j'avais cependant compté sur votre mort.
FINETTE, à Araminte.
En tout ceci, madame, il n'y va rien du nôtre ;
Quoi qu'il puisse arriver, nous aurons l'un ou l'autre.
DÉMOPHON.
L'incident que je vois, certes, n'est pas commun.
(A Isabelle.)
Il te faut un époux ; en voilà deux pour un :
Choisis le bon pour toi, ma fille, et te contente.
ISABELLE, reconnaissant la marque du chapeau du chevalier.
Puisque vous m'accordez le choix qui se présente,
Portée également de l'une et l'autre part,
(Elle donne la main au chevalier.)
Je prends monsieur : il faut en courir le hasard.
ARAMINTE, prenant Ménechme par le bras.
Et moi, je prends monsieur.
MÉNECHME, à Araminte.
Il semble, à vous entendre,
Que vous n'ayez ici qu'à vous baisser et prendre.
VALENTIN, prenant Finette par le bras.
Puisque chacun ici prend ce qui lui convient,

Par droit d'aubaine aussi Finette m'appartient.
ROBERTIN, prenant les deux frères par le bras.
Moi, je vous prends tous deux. Je veux que l'on m'instruise
En quelles mains enfin cette somme est remise.
L'un de vous a touché soixante mille écus.
LE CHEVALIER, à Robertin.
N'en soyez point en peine, et je les ai reçus.
C'est moi qui, pour la mienne, ayant pris sa valise,
Ai su me prévaloir d'une heureuse méprise.
C'est lui qui, pour un legs, vient d'arriver ici :
C'est moi qu'on a cru mort, et qui m'en suis saisi :
C'est moi qui, dans l'ardeur d'une feinte tendresse,
(Montrant Araminte.)
A madame autrefois ai fait une promesse ;
Et c'est moi qui, depuis, brûlant des plus beaux feux,
A l'aimable Isabelle ai porté tous mes vœux.
MÉNECHME.
Vous m'avez donc trahi, vous, monsieur le notaire ?
ROBERTIN.
Je n'ai rien fait de mal dans toute cette affaire,
Et j'ai du testateur suivi l'intention.
Il laisse à son neveu cette succession :
Monsieur l'est comme vous ; vous n'avez rien à dire.
LE CHEVALIER.
Aux arrêts du destin, mon frère, il faut souscrire.
Mais vous aurez bientôt tout lieu d'être content,
Pourvu que, sans éclat, vous vouliez à l'instant,
En épousant madame, acquitter ma parole.
MÉNECHME.
Comment donc ! voulez-vous que j'épouse une folle ?
ARAMINTE, au chevalier.
Et de quel droit, monsieur, me faites-vous la loi ?
Je vous trouve plaisant de disposer de moi !
LE CHEVALIER, à Ménechme et à Araminte.
Suivez tous deux l'avis d'un homme qui vous aime.
Vous vouliez m'épouser, c'est un autre moi-même.
Et, pour vous faire voir quelle est mon amitié,
De la succession recevez la moitié ;
Que trente mille écus facilitent l'affaire.

MÉNECHME, embrassant le chevalier.
A ce dernier trait-là je reconnais mon frère.
(A Araminte.)
Ça, ma reine, épousons, malgré notre discord.
Nous nous sommes tous deux chanté pouilles à tort,
Moi vous nommant friponne, et vous m'appelant traître
Nous n'avions pas, pour lors, l'honneur de nous connaître.
Bien d'autres, avant nous, en formant ce lien,
S'en sont dit tout autant, et se connaissaient bien.

FINETTE.
Moi, quand ce ne serait que pour la ressemblance,
Je voudrais l'épouser, sans tant de résistance.

ARAMINTE.
Si je pouvais un jour me résoudre à ce choix,
Je le ferais exprès pour vous punir tous trois.
Vous n'avez, je le vois, que mon bien seul en vue ;
Mais, en me mariant, votre attente est déçue.
Oui, je l'épouserai, pour me venger de vous,
Lui donner tout mon bien, et vous désoler tous.

MÉNECHME,
Ce sera très-bien fait.

DÉMOPHON, au chevalier.
Vous, acceptez ma fille,
Puisqu'un coup du hasard vous met dans ma famille.
Je voulais un Ménechme : en lui donnant la main,
Vous ne changerez rien à mon premier dessein.

LE CHEVALIER.
Dans l'excès du bonheur que le destin m'envoie,
Mon cœur ne peut suffire à contenir sa joie.

VALENTIN.
Chacun, Finette, ici songe à se marier ;
Marions-nous aussi, pour nous désennuyer.

FINETTE.
A ne t'en point mentir, j'en aurais grande envie :
Mais je crains...

VALENTIN.
Que crains-tu?

FINETTE.
De faire une folie.

VALENTIN.

J'en fais une cent fois bien plus grande que toi;
Et je ne laisse pas de te donner ma foi.
    (Aux auditeurs.)
Messieurs, j'ai réussi dans l'hymen qui s'apprête;
De myrte et de laurier je vais ceindre ma tête :
Mais si je méritais vos applaudissements,
Ce jour mettrait le comble à mes contentements.

LE MARCHAND RIDICULÉ

PERSONNAGES

M. LE MARQUIS.
POLICHINELLE, valet du marquis.
JANBROCHE, marchand de drap.

MADEMOISELLE JANBROCHE, fille du marchand.
PIERROT, valet de Janbroche.
LE COMPÈRE.

SCÈNE I

JANBROCHE, LE COMPÈRE.

JANBROCHE, au compère. — Monsieur, je suis votre serviteur. Pourriez-vous me faire un plaisir?

LE COMPÈRE. — Quel plaisir voulez-vous de moi?

JANBROCHE. — Je voudrais bien vous prier de garder ma boutique et surtout ma fille.

LE COMPÈRE. — Monsieur, d'un tel embarras je ne me soucie point : mais vous avez votre domestique Pierrot; qui fera votre affaire.

JANBROCHE. — Vous êtes bien peu complaisant. Je vais donc appeler mon domestique. Pierrot, holà, Pierrot!

SCÈNE II

JANBROCHE, PIERROT.

PIERROT. — Monsieur, qu'y a-t-il pour votre service?

JANBROCHE. — Il faut que tu représentes ma personne, et que tu sois l'économe de ma maison.

PIERROT. — Ma foi, monsieur, je ne puis servir de colonne à votre bâtiment.

JANBROCHE. — C'est de garder ma boutique, et d'avoir soin surtout de ma fille.

PIERROT. — Ma foi, monsieur, je veux bien me charger de garder votre boutique, et non pas votre fille, parce que c'est une marchandise qui est comme de l'eau de la reine de Hongrie; sitôt qu'on la laisse éventer, la saveur s'en va : une fille est de même. Ainsi, monsieur, vous pouvez bien la garder vous-même.

JANBROCHE. — Va, va, maraud que tu es : va dire à ma fille qu'elle vienne me parler.

PIERROT. — Monsieur, je m'en vais dans l'instant.

SCÈNE III

JANBROCHE, MADEMOISELLE JANBROCHE.

MADEMOISELLE JANBROCHE. — Que souhaitez-vous, mon cher père;

JANBROCHE. — Ma fille, approchez quand je vous parle; je vais partir pour aller en marchandise chercher des draps qui me manquent, et je veux que dans ma boutique il ne soit rien vendu pendant mon absence.

MADEMOISELLE JANBROCHE. — Cela paraîtra tout à fait ridicule.

JANBROCHE. — C'est à cause de cela que l'on m'appelle le marchand ridicule.

MADEMOISELLE JANBROCHE. — Mais, mon cher père, de quelle façon voulez-vous que je renvoie les marchands?

JANBROCHE. — Ma fille, quand il viendra quelque marchand vous demander du drap, et qui vous dira : Mademoiselle, n'auriez-vous pas un beau drap d'Hollande à me vendre? Il faut lui répondre : vraiment nenni, monsieur; par là vous conserverez votre honneur et votre réputation.

MADEMOISELLE JANBROCHE. — Cela suffît, mon cher père, je n'y manquerai pas.

JANBROCHE. — Adieu, ma petite fille.

MADEMOISELLE JANBROCHE. — Adieu, mon cher papa.

SCÈNE IV

MONSIEUR LE MARQUIS, POLICHINELLE.

MONSIEUR LE MARQUIS. — Dis-moi, coquin, depuis le temps que je te cherche, d'où viens-tu?

POLICHINELLE. — Ma foi, monsieur, j'étais à la garde-robe à faire des vers.

MONSIEUR LE MARQUIS. — Comment, impertinent, est-ce là une place pour faire des vers.

POLICHINELLE. — Mais, monsieur, chacun se met où il peut. Que voulez-vous de moi?

MONSIEUR LE MARQUIS. — Il faut que tu t'en ailles tout à l'heure de ma part chez M. Janbroche, mon marchand ordinaire, me chercher tout l'équipage d'un gentilhomme.

POLICHINELLE. — Mais, monsieur, sans trop de curiosité, pour quelle occasion?

MONSIEUR LE MARQUIS. — C'est que je suis sur le point de me marier.

POLICHINELLE. — Mais, monsieur, que ne vous mettez-vous sur la dentelle, cela est plus propre que le point.

MONSIEUR LE MARQUIS. — Animal que tu es, ce n'est pas cela : je veux prendre une femme.

POLICHINELLE. — Ah! monsieur, je vous entends : c'est que, comme vous savez que j'ai besoin de femme, vous en prenez pour moi et pour vous?

MONSIEUR LE MARQUIS. — Impertinent que tu es, sache que si je prends une femme, que ce n'est pas pour un impertinent comme toi, et que c'est pour moi.

POLICHINELLE. — Eh bien, monsieur, si en tout cas elle se perd, vous la pouvez chercher tout seul.

MONSIEUR LE MARQUIS. — Ça, ça, point tant de verbiage, fais ma commission au plus vite.

POLICHINELLE. — Mais, monsieur, où demeure-t-il?

MONSIEUR LE MARQUIS. — Tiens, voilà sa porte, marche.

POLICHINELLE. — Cela est bon, monsieur, j'y vais. (Au compère.) Va, va, compère, je m'en vais bien ferrer la mule.

LE COMPÈRE. —Mais comment veux-tu ferrer la mule, on ne t'a pas donné de l'argent?

POLICHINELLE — Tu as encore raison, je m'en vais, l'appeler... (Courant après son maitre.) Monsieur, monsieur, vous ne m'avez point donné de l'argent?

MONSIEUR LE MARQUIS. — Va, va, c'est mon marchand ordinaire, je ne le paye qu'à l'année.

POLICHINELLE. — Bon; nous voilà pas mal : Je comptais ferrer la mule, et je ne ferrerai pas seulement le bourriquet. (Il frappe à la porte de Janbroche.)

SCÈNE V

MADEMOISELLE JANBROCHE, POLICHINELLE.

POLICHINELLE, saluant mademoiselle Janbroche. — Monsieur Janbroche, je suis votre serviteur.

LE COMPÈRE. — Impertinent que tu es, ne vois-tu pas que c'est mademoiselle sa fille?

POLICHINELLE. — Eh bien! j'embrasserai mieux la fille que le père. Mademoiselle, avez-vous du drap de Hollande?

MADEMOISELLE JANBROCHE.—Vraiment nenni, monsieur

POLICHINELLE continue à demander à mademoiselle Janbroche plusieurs sortes de drap, et elle continue à lui répondre : Vraiment nenni, monsieur [1].

. . . .
. . . .
. . . .

1. Nous avons cru devoir supprimer quelques lignes de ce dialogue à cause de sa trivialité.

SCÈNE VI

JANBROCHE, LE COMPÈRE.

(Janbroche revient de son voyage, et demande au compère ce qui s'est passé chez lui durant son absence.)

LE COMPÈRE. — Ma foi, monsieur, je n'en sais rien, et, de plus, vous pouvez appeler votre domestique Pierrot.

JANBROCHE. — Pierrot!

SCÈNE VII

JANBROCHE, PIERROT.

PIERROT. — Monsieur, depuis que je ne vous ai vu, il y a bien des nouvelles.

JANBROCHE. — Qu'est-ce que c'est que ces nouvelles?

PIERROT. — C'est que les mâles couchent avec les femelles.

JANBROCHE. — Bête que tu es : de tout temps cela a été, et de tout temps cela sera.

PIERROT. — Hé bien, monsieur, puisqu'il faut que cela soit, je vous dirai qu'il y a un bon gros garçon couché avec mademoiselle votre fille.

JANBROCHE, voulant frapper Pierrot. — Comment! un garçon couché avec ma fille! me voilà perdu d'honneur et de réputation.

PIERROT. — Mais, monsieur... mais, monsieur, laissez divertir la jeunesse.

(Janbroche entre dans sa maison et en chasse Polichinelle, qui paraît en chemise.)

SCÈNE VIII

JANBROCHE, POLICHINELLE.

POLICHINELLE. — Mais, monsieur, rendez-moi donc ma culotte.

JANBROCHE, repoussant Polichinelle et lui donnant des coups de bâton. — Tiens, voilà ta culotte.

SCÈNE IX

MONSIEUR LE MARQUIS, POLICHINELLE.

MONSIEUR LE MARQUIS, au compère. — Monsieur, dites-moi un peu, n'auriez-vous pas vu mon coquin de domestique ?

POLICHINELLE. — Monsieur, me voilà.

(Le marquis, voyant Polichinelle en chemise, tire son épée, et veut la lui passer à travers le corps.)

POLICHINELLE, à genoux. — Ah! monsieur, si vous allez crever le baril à la moutarde, elle va vous sauter aux yeux.

MONSIEUR LE MARQUIS. — Malheureux! dans quel équipage es-tu ?

POLICHINELLE. — En m'allant baigner, des petits fripons, monsieur, m'ont volé ma culotte.

MONSIEUR LE MARQUIS. — Maraud, si tu ne me dis la vérité, je te vais rouer de coups de bâton dans l'instant.

POLICHINELLE. — Monsieur, tenez, ne vous mettez pas en colère. Je vais vous dire la vérité ; comme la fille de M. Janbroche avait peur, elle m'a prié d'aller coucher avec elle, et moi, fort obligeant, je n'ai pu la refuser.

MONSIEUR LE MARQUIS. — Va, va, tu es un malheureux, il faut que tu l'épouses.

POLICHINELLE. — Bon, bon, tant mieux, voilà mon affaire.

(On rend les habits à Polichinelle, et des danseurs et des danseuses célèbrent la noce.)

FIN

www.ingramcontent.com/pod-product-compliance
Lightning Source LLC
LaVergne TN
LVHW050555090426
835512LV00008B/1163